초보자에게 딱 좋은
기초 중국어 회화

초보자에게 딱 좋은
기초 중국어 회화

찍은날 | 2016년 6월 15일 인쇄 (2판)
펴낸날 | 2016년 6월 25일 발행 (2판)

지은이 | 김 현 화
펴낸이 | 조 명 숙
펴낸곳 | 도서출판 북도드리
등록번호 | 제16-2083호
등록일자 | 2000년 1월 17일

주소 | 서울·금천구 가산디지털1로 205, 705
　　　　 (가산동, 케이씨씨웰츠밸리)
전화 | (02) 851-9511
팩스 | (02) 852-9511
전자우편 | appbook21@naver.com

ISBN 978-89-86607-99-4 13720

값 10,500원

• 잘못된 책은 바꾸어드립니다.

초보자에게 딱 좋은
기초 중국어 회화

김현화 지음

머리말

최근 몇 년간에 국내에서 중국어 교재가 우후죽순(雨後竹笋)처럼 많이 나오는 가운데 중국어를 배우는 초보자들을 위한 교재는 아주 많습니다. 본 교재도 완전 초보자를 위해 집필했다는 점을 강조합니다.

우선 본 교재는 초보자들이 소화할 수 있는 범위 내에 첫 장부터 끝까지 제재별 영역별로 다양한 내용을 제공해 주었으며, 실용성과 흥미성을 중심으로 두었습니다.

둘째, 의사 소통 측면을 고려하여 생활 속에 통용되는 표현들을 수록하였고, 뜻글자인 중국어 발음에 소리글자인 한글 독음을 다는 방법으로 초보자들이 비교적 쉽게 접근할 수 있도록 다루었습니다. 초보자들이 중국어를 빨리 파악할 수 있을 뿐만 아니라 짧은 시일 내에 자유자재로 중국어를 구사할 수 있는 능력을 향상시킬 수 있습니다. 대만에 한 어음학(语音学) 박사께서는 "중국어를 배우는 외국인한테는 중국어 발음의 정확도에 대해서는 너무 강조할 필요가 없습니다. 왜냐하면 사람마다 언어 능력이 다르기 때문에 최대한 모방할 수 있게 하면 됩니다."라고 말한 바가 있습니다. 그러므로 한글을 아는 분이라면 누구나 이 교재를 사용할 수 있고, 중국어를 잘 할 수 있습니다.

셋째, 본 교재에서 사용하는 언어는 생활에 밀접하며 실제 언어 사용 상황에 맞는 현대 언어를 사용하였고, 신세대 학생들의 IT 관련 표현도 수록하였습니다.

넷째, 본 교재는 완전 초보자를 위한 교재이기 때문에 가장 쉬운 표현에서 어려운 표현으로, 오래된 표현에서 새 표현으로 점차적으로 심화학습을 시켜줍니다.

다섯째, 원어민의 정확한 발음이 담긴 MP3 파일을 무료로 다운 받을 수 있어, 초보자들이 더욱 손쉽게 따라 배울 수 있습니다.

시대의 흐름을 따라갈 줄 아는 사람, 그리고 끈기가 있고 스스로 공부를 잘하는 사람이라면, 누구든지 한 발짝 더 앞서갈 수 있고 다른 사람보다 먼저 성공을 합니다. 여러분 모두 신세기의 성공자가 되시기 바랍니다.

김 현 화

목차

머리말 / 5

중국어 발음 (1) / 12

중국어 발음 (2) / 15

01 • **인사** – 처음 만났을 때 / 22
02 • **인사** – 오랜만에 만났을 때 / 27
03 • **인사** – 소개할 때 / 33
04 • **인사** – 안부를 전할 때 / 39
05 • **인사** – 헤어질 때 / 41
06 • **인사** – 감사할 때 / 43
07 • **인사** – 사과할 때 / 45

08 • **방문** – 현관 앞에서 / 48
09 • **방문** – 접대할 때 / 51
10 • **방문** – 배웅할 때 / 54

11 • **전화** – 전화 통화 / 58
12 • **전화** – 부재중일 때 / 62

13 ● **시간과 날짜** / 66
14 ● **날씨에 대한 표현** / 73
15 ● **계절에 대한 표현** / 78

16 ● **약속 – 약속할 때** / 84
17 ● **약속 – 지각할 때** / 88
18 ● **약속 – 약속 변경** / 91

19 ● **교통 – 기차, 지하철 타기** / 96
20 ● **교통 – 택시 타기** / 101
21 ● **교통 – 버스 타기** / 105
22 ● **교통 – 배 타기** / 107
23 ● **교통 – 비행기 타기** / 111

24 ● **길 안내 – 주소 찾기** / 116
25 ● **길 안내 – 길 찾기** / 120

목차

26 ● **쇼핑 – 물건을 살 때** / 128

27 ● **쇼핑 – 계산할 때** / 131

28 ● **쇼핑 – 가격 흥정할 때** / 133

29 ● **쇼핑 – 반품 및 교환** / 136

30 ● **식당 – 음식 주문하기** / 140

31 ● **식당 – 식사할 때** / 144

32 ● **식당 – 계산할 때** / 146

33 ● **취미생활 – 문화** / 152

34 ● **취미생활 – 스포츠** / 159

35 ● **취미생활 – 오락** / 164

36 ● **우체국에서** / 168

37 ● **은행에서** / 172

38 ● **호텔에서** / 178

39 ● **병원에서** / 188
40 ● **약국에서** / 194

41 ● **관광 – 여행사 예약하기** / 198
42 ● **관광 – 입장권을 살 때** / 202
43 ● **관광 – 사진 찍을 때** / 205
44 ● **관광 – 공연장에서** / 210

45 ● **학교에서 – 쉬는 시간** / 214
46 ● **학교에서 – 사람 찾을 때** / 219
47 ● **학교에서 – 컴퓨터실에서** / 222

48 ● **특별한 표현** / 226

49 ● **중국 당나라 시 감상** / 234

- 중국어 발음 (1)
- 중국어 발음 (2)

중국어 발음 (1)

꼭 알아두기   1. 병음(拼音)

중국어는 글자 따로 발음 따로 있으며, 글자 하나하나가 갖고 있는 음절을 병음이라고 한다. 음소(音素)를 결합하여 한 음절로 만든다.

꼭 알아두기   2. 음소(音素)

중국어 글자마다 갖고 있는 발음은 성모, 운모, 성조 3부분으로 구성된다.

(1) 성모(声母)   한 글자의 첫머리에 오는 음이다. (총 21개가 있다.)

b(뻐)   p(퍼)   m(머)   f(풔)
d(떠)   t(트어)   n(느어)   l(르어)
g(끄어)   k(크어)   h(흐어)
j(지)   q(치)   x(시)
z(쯔으)   c(츠으)   s(쓰으)
zh(즈을) ch(츠을) sh(스을) r(르)

(2) 운모(韵母)   한 글자의 첫머리 음을 제외한 나머지 음이다. (36개의 기본음과 두 개의 특수음이 있다.)

a(아)   o(오)   e(어)   er(얼)   i(이)   u(우)   ü(위)
ai(아이)   ei(에이)   ao(아오)   ou(어우)   an(안)   en(언)   ang(앙)
eng(엉)   ong(옹)   ia(이아)   ie(이에)   iao(야오)   iou(-iu)(요우)
ian(이엔) in(인)   iang(이앙) ing(잉)   iong(융)   ua(우아)
uo(우오)   uai(우아이) uei(-ui)(우에이)   uan(우안)   uen(-un)(우언)
uang(우앙) ueng(우엉) üe(위에)   üan(위엔)   ün(위인)
-i(이)   -i(으을)

 · learning

(3) 성조(声调)   한 글자마다 갖고 있는 음의 높낮이다.

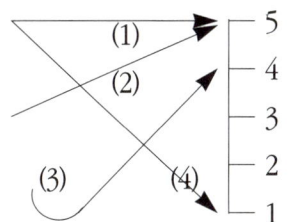

(1) 제1성 '-' = 55
(2) 제2성 'ˊ' = 35
(3) 제3성 'ˇ' = 214
(4) 제4성 'ˋ' = 51

기본적으로 제1성 '-', 제2성 'ˊ', 제3성 'ˇ', 제4성 'ˋ' 와 일정한 조건하에 나타나는 경성이 있다.

🎧 a로 성조연습하기 : (듣고 따라하기)

- 제1성 ā (소리의 변화 없이 음의 높이를 평행으로 유지한다.)
- 제2성 á (소리를 아래에서 위로 끌어올린다.)
- 제3성 ǎ (소리를 낮게 내렸다가 짧게 올린다.)
- 제4성 à (떨어지듯이 소리를 위에서 아래로 떨어뜨린다.)
- 경 성 a (제1성보다 짧고 가볍게 소리를 낸다.)

学习 • learning

꼭 알아두기 3. 병음의 구조

성모(声母)와 운모(韵母)를 결합하여 그리고 성조를 붙여 한 음절로 만든 과정(过程)을 말한다.

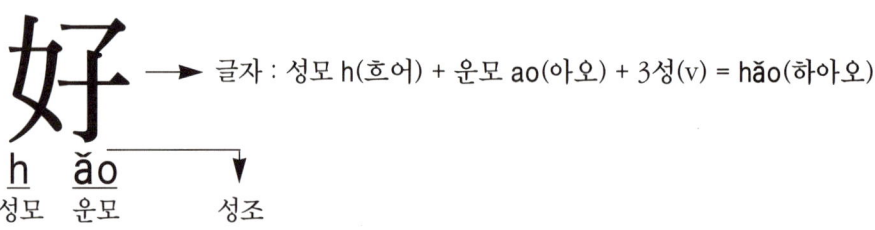

글자 : 성모 h(흐어) + 운모 ao(아오) + 3성(v) = hǎo(하아오)

성모＼음절＼운모	a	o	e	i	u	ü
b	ba	bo		bi	bu	
p	pa	po		pi	pu	
m	ma	mo	me	mi	mu	
f	fa	fo			fu	
d	da		de	di	du	
t	ta		te	ti	tu	
n	na		ne	mi	nu	nü
l	la		le	li	lu	lü
없을 때	a	o	e	yi	wu	yü

꼭 알아두기 4. 성조를 표시할 때

한 음절에 운모 하나만 있을 때에는 성조 부호를 그 운모의 위에 표시한다. 두 개 이상의 운모가 있을 때에는 음량이 큰 운모 위에 표시한다.
  보통 a 〉 o 〉 e 〉 i 〉 u 〉 ü 의 순서로 본다.
※ 운모 i 위에 성조를 표시할 때 i에 점을 찍지 않고 성조부호를 표시한다.

중국어 발음 (2)

 1. 성조(声调)의 변화 　　　　꼭 알아두기

(1) 경성(轻声)

중국어에서 일정한 소리의 높낮이가 없고 짧고 약하게 내는 성조(声调)를 말함.
　예를 들면 'háizi (하이즈) (孩子 : 아이) 중에 zi (즈), bà ba (빠바) (爸爸 : 아빠) 중에 두 번째 ba (바), nǐ men (니먼) (你们 : 너희들) 중에 men (먼), wǒ de (워더) (我的 : 나의) 중에 de (더)' 등과 같다.

(2) 제3성의 변조(变调)

❶ (제3성 + 제3성)시에 앞에 있는 제3성을 제2성으로 읽는다.
　(예) : 你好　nǐ hǎo → ní hǎo (니하오) (안녕)
　　　　很好　hěn hǎo → hén hǎo (헌하오) (매우 좋다)

❷ 제3성이 제1성, 제2성, 제4성의 앞에 있을 경우 제3성의 (↘↗)음을 (↘)부분만 나타낸다. (반 3성이라고 함)
　(예) : 你看　nǐ kàn →　nǐ kàn (니칸) (너 보라)
　　　　你说　nǐ shuō →　nǐ shuō (니수어) (너 말하라)

❸ 제3성이 경성(轻声) 앞에 있을 경우, 뒤에 있는 경성의 원래의 성조를 따라 변화한다.
　(예) : 想想 xiǎng xiang → xiáng xiang (샹샹) (생각하다)
　　　　晚上 wǎn shang → wǎn shang (완스앙) (저녁)
　　　　　　　　　　　(shang의 원래의 성조는 제4성)
　　　　喜欢 xǐ huan → xǐ huan (시환) (좋아하다)
　　　　　　　　　　　(huan의 원래의 성조는 제1성)

学习 · learning

(3) '一'의 변조(变调)

❶ '一'가 제1성, 제2성, 제3성의 앞에 있을 경우 '一'를 제4성으로 읽음.
 (예) : 一天 yī tiān → yì tiān (이이티앤) (하루)
  一起 yī qǐ → yì qǐ (이이치이) (함께)

❷ '一'가 제4성의 앞에 앞에 있을 경우 '一'를 제2성으로 읽음.
 (예) : 一样 yī yàng → yí yàng (이이양) (같다)
  一共 yī gòng → yí gòng (이꽁) (총)

(4) '不'의 변조(变调)

 '不'의 원래 성조는 제4성이고, '不'가 제1성, 제2성, 제3성의 앞에 있을 경우에는 변함이 없지만 제4성의 앞에 있을 때에만 제2성으로 변한다.
 (예) : 不来 bù lái → bù lái (뿌라이) (오지 않다)
  不好 bù hǎo → bù hǎo (뿌하오) (좋지 않다)
  不对 bù duì → bú duì (뿌뚜이) (맞지 않다)
  不去 bù qù → bú qù (뿌취) (가지 않다)

※ '不'가 제4성으로 읽을 때 강하고, 제2성으로 읽을 때 상대적으로 약하다.
 (한글 독음으로는 '뿌'와 '부'의 차이)

学习 • learning

2. 'er'과 '-r(儿)'의 음(音) 꼭 알아두기

(1) 'er'은

'er'은 단독으로 음절(音节)을 구성할 수 있고, 성모와 결합하지 않음. 'er'중에 'r'은 혀를 말아서 발음(发音)하는 동작의 표시.
  (예) : 儿 (ér) (얼) (아들)
       耳 (ěr) (얼) (귀)
       二 (èr) (얼) (둘)

(2) '-r(儿)'은

'-r(儿)' 음(音)은 중국어의 특점이다. 단어에 '-r(儿)'을 붙일 경우가 많다. '-r(儿)'를 붙인 단어의 운모(韵母)는 '儿' 화운모(化韵母)(érhuàyùnmǔ)라고 한다.
  병음(拼音)으로 표시할 때 단어의 음절(音节) 뒤에 (r)을 붙여서 표시하고, 문자로 표시할 때에는 단어 뒤에 '儿'을 붙인다.
  (예) : 玩儿 (wánr) (와을) (놀다)
       空儿 (kòngr) (코을) (여가)

중국어 발음 | 17

学习 · learning

꼭 알아두기   3. (i ; u ; ü) 등의 변화(变化)

'i' — 한 음절(音节)이 'i'로 시작할 때에는 'i'가 'y'로 바뀐다. 그러나 'iu, in, ing' (유, 인, 잉) 경우 앞에다 'y'를 더 붙인다.
　예를 들면 'yiu, yin, ying' (유, 인, 잉)과 같다.
　'iou'가 성모(声母)와 결합할 때에는 'iu' (유)로 표기한다.
　예를 들면 'jiu, liu' (지유, 리유)와 같다.

'u' — 'u'로 시작할 때에는 'u'가 'w'로 바뀐다.
　예를 들면 'wei, wo, wen' (워이, 워, 원)과 같다.
　'uei, uen' (워이, 원)이 성모(声母)와 결합할 때에는 'e'가 생략된다.
　예를 들면 'dui, hui, kui' (뚜워이, 후워이, 쿠워이)와 같다. 'ueng' (우엉)이 성모와 결합할 때에는 'uong' (우옹)으로 표기한다.

'ü' — 'ü'로 시작할 때에는 'ü'가 'yu'로 바뀐다.
　예를 들면 'yue, yun, yuan' (위에, 윤, 위엔)과 같다.
　'ü'가 'j, q, x'와 결합할 때 'ü' 위에 두 점을 없앤다.
　예를 들면 qù (취) (去), jú (쥐) (局), xú (쉬) (徐) 등과 같다.
※ 주의 : [j, q, x]은 운모 [u]와 단독(单独) 결합하지 않음.

18

补课 · supplementary lessons

현대 중국어는? 　　　　　　　　　　　　　　　더 알아두기

《汉语拼音方案》(한어 병음 방안)

현대 중국어에 사용하고 있는 중국어 발음은 《汉语拼音方案》(한어 병음 방안)에 의한 것이다. 《汉语拼音方案》은 1958년 중화인민공화국에서 제정한 중국어 로마자 표음 방식이다.

普通语 — 현대 중국어의 표준어

북경어음(北京语音)을 표준음(音)으로 하고, 북방 방언을 기초 어휘로 하여 전형(典型)적인 현대 백화(白话)에 의한 저작(著作)을 문법적 규범으로 하는 한민족(汉民族)의 공통어이다.

少数民族(소수 민족)

다민족(多民族) 국가인 중국에서는 한족(汉族) 이외에 다른 민족을 말한다. 즉 조선족(朝鲜族), 회족(回族), 몽골족(蒙古族) 등 55개의 소수민족이 있다.
　소수민족의 인구는 중국 전체의 6%이며, 각 민족마다 자신의 민족 언어가 있는 민족도 있고, 자신의 민족 언어가 없는 민족도 있지만 공식적인 언어는 중국어로 한다.

01 ● **인사 – 처음 만났을 때**
02 ● **인사 – 오랜만에 만났을 때**
03 ● **인사 – 소개할 때**
04 ● **인사 – 안부를 전할 때**
05 ● **인사 – 헤어질 때**
06 ● **인사 – 감사할 때**
07 ● **인사 – 사과할 때**

01 인사-처음 만났을 때

꼭 알아두기 — 회화 전 알아두기

你好!
Nǐ hǎo!
니 하오!

안녕하세요?

"你好"는 때와 장소의 구별 없이 처음 만나는 사람이나 알고 있는 사람에게 가장 널리 쓰이는 인사말이다. 대답할 때 역시 "您好" 혹은 "你好"하면 된다. "您"은 "你"의 존칭이다.
북경에서는 사람들이 습관적으로 "您好"를 존대말로 연령과 상관 없이 많이 사용하는 편이다.

회화 1

Ⓐ 你好!
　 Nǐ hǎo!
　 니 하오!

안녕하세요?

Ⓑ 您好!
　 Nín hǎo!
　 닌 하오!

안녕하세요?

발음 - 성조 변화

Nǐ hǎo!(你好!)의 Nǐ와 hǎo는 모두 3성이다. 중국어 발음 변화 규칙에서는 3성+3성일 경우 앞에 있는 3성을 2성으로 읽는다.
(※주의 : 읽을 때만 변화하며, 쓸 때는 3성 그대로 쓴다.)
그래서 (你好!)는 (Nǐ hǎo!)라고 읽지 않고 (Ní hǎo!)라고 읽는다.

补课 · supplementary lessons

(명사 + 好)의 인사말 구성 — 더 알아두기

'好 hǎo'는 '좋다'라는 뜻으로 많이 사용하는 편이지만 '好 hǎo'의 앞에 명사, 인칭 대명사, 호칭 등을 붙이면 인사말로 구성된다.

- 아침   早上 + 好!   좋은 아침!
          zǎo shàng + hǎo!
          자오 샹   하오

- 여러분 大家 + 好!   여러분 안녕하세요!
          dà jiā + hǎo!
          따 찌아   하오

- 선생님 老师 + 好!   선생님 안녕하세요!
          lǎo shī + hǎo!
          라오 쉬   하오

- 학생들 同学们 + 好! 학생 여러분 안녕!(선생님 입장에서)
          tóng xué men + hǎo!
          통 쉬에 먼   하오

- 아주머니 阿姨 + 好!   아줌마 안녕하세요!(어린이, 학생 입장에서)
           ā yí + hǎo!
           아 이이   하오

단어 · · ·

你 nǐ (니) 너, 당신
您 nín (닌) 당신(존칭)
好 hǎo (하오) 좋다
早上 zǎo shàng (자오샹) 아침
大家 dà jiā (따찌아) 여러분, 모두들

阿姨 ā yí (아이이) 아줌마
老师 lǎo shī (라오쉬) 선생님
同学 tóng xué (통쉬에) 학생, 동창
们 men (먼) ~들

学习 · learning

꼭 알아두기 | **회화 전 알아두기**

你叫什么名字?
Nǐ jiào shén me míng zi?
니 쨔오 션머 밍 즈?

이름이 뭐예요?

'당신의 이름을 무엇이라고 부릅니까?'라는 뜻으로, 주로 이름을 물을 때 사용하고, 짧게 "你叫什么?(이름이 뭐니?)"라고도 묻는다.

您贵姓?
Nín guì xìng?
닌 꾸이 씽?

당신의 성은 어떻게 되나요?

"您贵姓?"은 '당신의 귀한 성은요?'라는 뜻이다. 중국사람들은 처음 만날 때 습관적으로 성씨를 먼저 묻는다. 그리고 나서 성씨 뒤에다 호칭을 붙여 인사하거나 부르기도 한다.

例句

金老师!
Jīn lǎo shī!
찐 라오 쉬!

김 선생님!

金先生!
Jīn xiān sheng!
찐 시엔 셩!

미스터 김!

韩小姐! 你好!
Hán xiǎo jiě! Nǐ hǎo!
한 샤오 지에 니 하오!

미스 한! 안녕하세요!

学习 · learning

회화 2

Ⓐ **您好！您贵姓?**
Nín hǎo!   Nín guì xìng?
닌 하오!   닌 꾸이 씽?

당신의 성은 어떻게 되나요?

Ⓑ **我姓韩，叫韩明。你叫什么名字?**
Wǒ xìng hán,   jiào Hán míng.   Nǐ jiào shén me míng zi?
워 씽 한, 쨔오 한 밍.   니 쨔오 션머 밍 즈?

저는 성이 한이고, 한 명이라고 합니다. 이름이 뭐예요?

Ⓐ **我叫金美慧。**
Wǒ jiào Jīn měi huì.
워 쨔오 찐 메이 훼이.

저는 김미혜라고 합니다.

단어 · · ·

叫 jiào (쨔오) 부르다
什么 shén me (션머) 무엇, 무슨
名字 míng zi (밍즈) 이름
贵姓 guì xìng (꾸이씽) 귀한 성
姓 xìng (씽) 성이 ~이다
金 Jīn (찐) 김(성씨)

先生 xiān sheng (시엔성) 미스터
小姐 xiǎo jiě (샤오지에) 미스, 아가씨
韩 Hán (한) 한(성씨)
我 wǒ (워) 나
韩明 Hán míng (한밍) 한명(인명)
金美慧 Jīn měi huì (찐메이훼이) 김미혜(인명)

补课 · supplementary lessons

더 알아두기 | 중국어 기본 어순 (주어 + 동사)

중국어 어순의 기본 형식은 (주어+동사)이다. 더 나아가 (주어+동사+목적어)이다. 그리고 나서 다른 품사 성분을 넣어서 주어, 목적어나 동사를 수식한다.

- **我吃** 나는 먹다
  Wǒ chī
  워 취

- **我吃饭** 나는 먹다 밥을
  Wǒ chī fàn
  워 취 판

- **我看** 나는 보다
  Wǒ kàn
  워 칸

- **我看书** 나는 보다 책을
  Wǒ kàn shū
  워 칸 슈

- **我看中文书** 나는 보다 중국어 책을
  Wǒ kàn zhōng wén shū
  워 칸 쭝원 슈

단어 • • •

吃 chī (취) 먹다
饭 fàn (판) 밥
看 kàn (칸) 보다
书 shū (슈) 책
中文 zhōng wén (쭝원) 중문. 중국어

인사-오랜만에 만났을 때

회화 전 알아두기

꼭 알아두기

好久不见了! 오랜만입니다!
Hǎo jiǔ bú jiàn le!
하오 지우 부 지엔 러!

이 표현은 오래간만에 만난 사람에게 쓰는 표현으로 "好久 ~了"는 '꽤 오랫동안 …되었다'라는 뜻으로 쓰이고, '~'에는 "不见" 혹은 "没见(méi jiàn)"을 써서 '오랫동안 못 뵈었다'라는 뜻으로 쓰인다.

还是老样子。 여전히 그래요.
Hái shì lǎo yàng zi.
하이 쉬 라오 양 즈。

"老样子"는 '옛 모습'이나 '그저 그 모양'이라는 뜻으로 지금까지 변함없음을 나타낸다.

我也一样。 저도 그렇습니다.
Wǒ yě yí yàng.
워 예 이 양。

"我也是一样"는 '나도 같은 모양이다'라는 뜻을 가지고 있다. 이 문장 중 "是"는 생략이 가능한데, 보통 말을 할 때 생략해서 말하곤 한다. 그래서 "我也是一样"은 "我也一样"이라고 써도 뜻에 큰 차이는 없다.

学习 · learning

 회화 1

Ⓐ 你好! 好久不见了!
Nǐ hǎo! Hǎo jiǔ bú jiàn le!
니 하오! 하오 지우 부 지엔 러!

안녕하세요! 오랜만입니다!

Ⓑ 好久不见了! 近来怎么样?
Hǎo jiǔ bú jiàn le! Jìn lái zěn me yàng?
하오 지우 부 지엔 러! 찐 라이 쩐머 양?

오랜만입니다! 요즘 어떠세요?

Ⓐ 还是老样子。你呢?
Hái shì lǎo yàng zi. Nǐ ne?
하이 쉬 라오 양 즈。 니 너?

여전히 그래요. 당신은요?

Ⓑ 我也一样。
Wǒ yě yí yàng.
워 예 이 양。

저도 그렇습니다.

"你呢?"는 앞서 말했던 내용을 생략하여 다시 묻는 생략 의문문이며, 뜻은 '너는?'이라고 해석하면 된다.
"~也"는 '~도'라는 뜻을 가지고 있으며 뒤에 동사가 오면 '~도 ~하다'라는 표현이다.

补课 · supplementary lessons

🔊 발음 - 성조 변화

(제3성+제3성)시에 앞에 있는 제3성을 제2성으로 읽는다.(변하는 것이 아님) "好久"가 바로 그 예이다.

"一样" 중 "一"는 뒤에 오는 제4성의 영향으로 "一"가 제2성으로 변함.

단어 · · ·

好久 ~了 hǎo jiǔ ~le (하오지우러)
    꽤 오랫동안 ~되었다
不见 bú jiàn (부지엔) 보이지 않다
没 ~ méi~ (메이~) ~하지 않았다
还是 hái shi (하이쉬) 여전히 ~이다
老样子 lǎo yàng zi (라오양즈)
    옛 모습, 그저 그 모양

是 shì (쉬) 이다
也 yě (예) ~도, 역시
一样 yí yàng (이양) 같다.
近来 jìn lái (찐라이) 최근
怎么样 zěn me yàng (쩐미양)
    어떻습니까, 어때요
呢 ne (너) (생략의문조사) ~는요?

学习 · learning

꼭 알아두기 — 회화 편 알아두기

家人都好吗?
Jiā rén dōu hǎo ma?
찌아 런 떠우 하오 마?

가족 여러분은 잘 지내십니까?

"家人"은 '한 집안 식구'를 가리키며, 안부를 전할 때 많이 사용하는 표현이다.
"~都"는 '모두 다'라는 뜻이고, "~"에 포함하는 사람이나 사물을 총괄한다.
"吗"는 의문조사로서 문장 끝에 사용하여 의문문을 표시한다.

是啊, 都挺好的。
Shì a, dōu tǐng hǎo de。
쉬 아, 떠우 팅 하오 더。

네, 모두 잘 지냅니다.

"是"는 '그렇다'라는 뜻으로 대답할 때 많이 사용하며 뒤에 "啊"를 붙여 말투를 부드럽게 한다. "是"와 "是啊"는 뜻의 차이는 없으나 쓰는 사람의 기분에 따라 다를 수 있다.(단, 개인의 차이)

我还可以。
Wǒ hái kě yǐ。
워 하이 커 이。

저는 그저 그래요.

중국 사람들이 안부를 물을 때에 대답하는 표현으로 흔히 "还可以"가 있는데, '그저 그렇다, 보통이다'라는 뜻으로 안부의 대답뿐만 아니라 사물에 대해 평가할 때도 쓰인다.

学习 · learning

🎧 발음 - 성조 변화

3성+3성 : "挺好(tǐng hǎo)" 역시 앞에 있는 "挺"의 발음을 2성으로 읽는다.

회화 2

Ⓐ **家人都好吗?**
Jiā rén dōu hǎo ma?
찌아 런 떠우 하오 마?

가족 여러분은 잘 지내십니까?

Ⓑ **是啊, 都挺好的。**
Shì a, dōu tǐng hǎo de。
쉬 아, 떠우 팅 하오 더。

네, 모두 잘 지냅니다.

你怎么样?
Nǐ zěn me yàng?
니 쩐머 양?

당신은 어때요?

Ⓐ **我还可以。**
Wǒ hái kě yi。
워 하이 커 이。

저는 그저 그래요.

단어 · · ·

家人 jiā rén (찌아런) 가족, 식구
都 dōu (떠우) 모두
吗 ma (마) (의문조사) ~입니까?
是 shì (쉬) 이다, 그렇다

啊 a (아) (긍정의 억양을 나타내는 어기조사)
挺好的 tǐng hǎo de (팅하오디) 꽤 좋다, 괜찮다
还可以 hái kě yǐ (하이커이)
　그런 대로 괜찮다, 그저 그렇다

补课 • supplementary lessons

더 알아두기 | 용법 익히기

"什么"는 의문대명사이며, 이러한 의문대명사를 사용하는 의문문에는 "吗"와 같은 의문조사와는 사용하지 않는다. "吗"는 일반의문문을 구성할 때에만 문장 끝에 붙여 사용한다.

"啊"는 어조사이면서 모든 성조(경성, 제1성, 제2성, 제3성, 제4성)를 가지고 있으며, 성조에 따라 의미도 달라진다.

- **제1성** - 문장 앞에, 홀로 사용할 때 : 경이, 찬탄을 나타낸다.

- **제2성** - 문장 앞에, 홀로 사용할 때 :
    1) 캐묻거나 다시 말해주기를 요청할 때 쓰인다.
    2) 놀라거나 의외라고 여기는 경우에 그것을 확실히 하는 의문의 어기를 나타낸다.

- **제3성** - 문장 앞에, 홀로 사용할 때 :
    허어, 저런, 어머나, 이런(의아함을 나타냄)

- **제4성** - 문장 앞에, 홀로 사용할 때 :
    1) (비교적 짧게 발음하여) 승낙의 뜻을 나타낸다.
    2) (길게 발음하여) 명백하게 알았다는 뜻을 나타낸다.
    3) (길게 발음하여) 놀람이나 찬탄의 느낌을 나타낸다.

- **경성** - 문장의 끝에 쓰여 감탄, 찬탄 따위의 어세를 돕는다.

더 알아두기 | 중국 글자 쓰는 순서

(1) 상하로 구성된 글자는 위로부터 아래로 차례대로 쓴다.
(2) 좌우로 구성된 글자는 좌측으로부터 우측으로 차례대로 쓴다.
(3) 내외로 구성된 글자는 위쪽으로부터 아래 부분을 비운 테두리를 먼저 쓰고 안쪽 부분을 채운 다음에 테두리 아래쪽의 마지막 부분을 채운다.
- 예 : "国"을 쓸 때의 순서
    丨 冂 冂 冃 囯 国 国 国

인사-소개할 때

회화 전 알아두기

꼭 알아두기

这位是我爱人。
zhè wèi shì wǒ ài ren。
쩌 웨이 쉬 워 아이 런。

이 분은 저의 남편입니다.

"这位"는 '이 분'이라는 뜻으로 상대방에게 소개할 사람을 높이는 표현이다. 하지만 친한 사람끼리나 나이가 비슷한 사람들끼리는 "这位"라고 사용하지 않고 "这"만 사용한다. 이 때, 두 표현의 뜻의 차이는 전혀 없다.

见到您, 很高兴。
Jiàn dào nín, hěn gāo xìng。
찌엔 다오 닌, 헌 까오 싱。

만나서 반갑습니다.

"见到~"는 '~을 보았다'라는 의미이지만 여기에서는 '~을 만나게 되다'라는 뜻으로 쓰였다. 이 문장의 주어는 "我"인데, 이 경우에는 생략 가능하다.

久仰, 久仰。
Jiǔ yǎng, jiǔ yǎng。
지우 양, 지우 양。

말씀 많이 들었습니다.

"久"는 '오랫동안'이라는 뜻이고 "仰"은 '우러러보다, 경모하다'라는 뜻이지만 두 단어를 합친 "久仰"은 '존함을 오래 전부터 들었습니다'라는 뜻으로 바뀌며, 처음 만날 때 인사에 자주 사용하는 표현이고, 두 번 반복하여 사용한다.

学习 · learning

꼭 알아두기 — 회화 전 알아두기

幸会, 幸会。
Xìng huì, xìng huì。
씽 훼이, 씽 훼이。

만나서 영광입니다.

"幸"은 '(행복에 겨워)기뻐하다, 즐거워하다'라는 뜻이 있으며, "会"는 '모이다, 만나다'라는 의미를 지니지만 두 단어를 합친 "幸会"는 '만나 뵙게 되어 기쁩니다'라는 뜻으로 처음 만날 때 인사에 자주 사용하는 표현이고 두 번 반복하여 사용한다. 때로는 "久仰"과 같이 사용한다.

단어 •••

这 zhè (쩌) 이, 이것
位 wèi (웨이) 분(사람을 세는 대 쓰임.)
爱人 ài ren (아이런) 남편 또는 아내, 배우자
见到 jiàn dào (찌엔다오)
　　　　보았다, 만나게 되다
很 hěn (헌) 매우

高兴 gāo xìng (가오싱) 기쁘다
久仰 jiǔ yǎng (지우양)
　　　 존함은 오래 전부터 들었습니다.
　　　 (소개를 받을 때의 인사)
幸会 xìng huì (씽훼이)
　　　 만나 뵙게 되어 기쁩니다.

学习 · learning

회화 1

Ⓐ 金先生，这位是我爱人。
Jīn xiān sheng, zhè wèi shì wǒ ài ren.
찐 시엔성, 쪄 웨이 쉬 워 아이 런.

미스터 김, 이 분은 저의 남편입니다.

Ⓑ 见到您，很高兴。 我叫金浩。
Jiàn dào nín, hěn gāo xìng. Wǒ jiào Jīn hào.
찌엔 다오 닌, 헌 까오 싱. 워 쨔오 찐 하오.

만나서 반갑습니다. 저는 김호라고 합니다.

Ⓒ 久仰，久仰。 말씀 많이 들었습니다.
Jiǔ yǎng, jiǔ yǎng!
지우 양, 지우 양!

Ⓑ 幸会，幸会。 만나서 영광입니다.
Xìng huì, xìng huì!
씽 훼이, 씽 훼이!

学习 • learning

꼭 알아두기 | **회화 전 알아두기**

这是我的好朋友。
zhè shì wǒ de hǎo péng you。
쪄 쉬 워 더 하오 펑 요우。

이 분은 저의 친한 친구입니다.

"我的"의 "的"는 한정어와 중심어의 관계가 종속 관계이며 발음이 경성이다.
자신과 직접 관계있는 사람이나 단체를 표현할 때 "的"를 생략할 수 있으나 관계있는 사람이나 단체 앞에 수식어가 있을 때에는 "的"를 생략할 수 없다. 예를 들어, "我的好朋友"에서는 "好"라는 수식어가 있어 "的"를 생략할 수 없으나, "我的朋友"에서는 수식어가 없으므로 "的"를 생략하여 "我朋友"라고 말할 수도 있다.

请多指教。
Qǐng duō zhǐ jiào。
칭 뚜어 쥐 쨔오。

잘 좀 가르쳐 주세요.

이 표현도 처음 만날 때에 사용되는 표현으로 '잘 좀 가르쳐 주세요'라는 뜻으로 보통 학계의 사람들이 많이 쓴다.

哪里, 哪里!
Nǎ li, nǎ li!
나 리, 나 리!

별 말씀을요!

"哪里"는 원래 의문문에서 '어디, 어느 곳'이라는 뜻으로 쓰이지만 이 표현에서는 겸손하게 자신에 대한 칭찬이나 존경의 표시에 답하는 표현이며 '아니에요, 별 말씀을요'라는 뜻으로 두 번 반복하여 사용한다.

学习 · learning

 **회화 2**

Ⓐ **李小姐，这是我的好朋友，王名。**
Lǐ xiǎo jiě, zhè shì wǒ de hǎo péng you, Wáng míng.
리 샤오 지에, 쪄 쉬 워 더 하오 펑 요우, 왕 밍.

미스 리, 이 분은 저의 친한 친구인 왕명입니다.

Ⓑ **你好！我是中国留学生，我叫王名。**
Nǐ hǎo! Wǒ shì Zhōng guó liú xué shēng, wǒ jiào Wáng míng.
니 하오! 워 쉬 쭝구어 리우 쉬에 셩, 워 쨔오 왕 밍.

안녕하세요! 저는 중국 유학생이고, 왕명이라고 합니다.

Ⓒ **我叫李英。请多指教。**
Wǒ jiào Lǐ yīng. Qǐng duō zhǐ jiào.
워 쨔오 리 잉. 칭 뚜어 쥐 쨔오.

저는 이영이라고 합니다. 잘 좀 가르쳐 주세요.

Ⓑ **哪里，哪里！请您多指教！**
Nǎ li, nǎ li! Qǐng nín duō zhǐ jiào!
나 리, 나 리! 칭 닌 뚜어 쥐 쨔오!

별 말씀을요, 제가 가르침을 청해야죠!

补课 · supplementary lessons

더 알아두기 | "请"의 표현

"请"은 문장의 시작 부분에 쓰이며 요청, 청구, 부탁할 때의 말을 높여 쓰는 예의 바른 표현이다. 한국어로 해석하면 '~해주세요, 하세요'라는 뜻이 된다.

더 알아두기 | 多 + 동사의 표현

"多" '많다, 많이'라는 뜻으로 수량이 많음을 나타내어, 동사 앞에 쓰여 '많이 ~하다'에 해당된다.

〈예〉
- 多看 duō kàn (뚜어칸) 많이 보다
- 多吃 duō chī (뚜어취) 많이 먹다

단어 · · ·

~的 ~de (더) ~의
朋友 péng you (펑요우) 친구, 벗
请 qǐng (칭) ~하세요
　(상대방에게 어떤 일을 부탁하거나 권할 때 쓰는 경어)
多 duō (뚜어) 많이, 많다
指教 zhǐ jiào (쥐쨔오) 가르치다, 지도하다

哪里 nǎ li (나리) (겸손한 어투로)아닙니다
李 lǐ (리) (성씨)이
中国 Zhōng guó (쭝구어) 중국
留学生 liú xué shēng (리우쉬에셩) 유학생
王名 Wáng míng (왕밍) (인명)왕명
李英 Lǐ yīng (리잉) (인명)이영

인사-안부를 전할 때

회화 전 알아두기

꼭 알아두기

你父母身体好吗?
Nǐ fù mǔ shēn tǐ hǎo ma?
니 푸 무 션티 하오 마?

부모님 모두 건강하시죠?

"你父母"는 자신과 직접 관계있는 사람이나 단체를 표현하는 말이므로 "的"를 생략한 말이다.
"身体好吗?"는 '몸이 좋습니까?'라는 뜻으로 건강에 대해 안부를 물을 때 사용하는 표현이다.

请代我向你父母问好。
Qǐng dài wǒ xiàng nǐ fù mǔ wèn hǎo。
칭 따이 워 썅 니 푸 무 원 하오。

부모님께 안부를 전해 주세요.

"代~"는 '~대신'이라는 뜻으로 인사말에서는 ~대신 안부를 전할 때만 사용한다.
"向~问好"는 '~에게 안부를 묻다, 문안드리다'라는 뜻으로 '~'에 안부를 묻고 싶은 대상을 넣어서 표현한다.

好的, 谢谢您!
Hǎo de, xiè xie nín!
하오 더, 씨에 셰 닌!

네, 감사합니다.

"好的"는 원래 '좋은 것'이라는 뜻이지만 대답할 때에는 "好"보다는 단정적인 표현으로 흔히 사용한다.
"谢谢~"는 '~에게 감사하다'라는 뜻으로 '~'에 감사하는 대상을 넣어서 사용하지만 가벼운 감사는 그냥 "谢谢"만으로도 표현할 수 있다.

学习 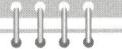 learning

 회화

Ⓐ 你父母身体好吗？ 부모님 모두 건강하시죠?
Nǐ fù mǔ shēn tǐ hǎo ma?
니 푸 무 션티 하오 마?

Ⓑ 他们都很好。 모두 건강하십니다.
Tā men dōu hěn hǎo。
타 먼 떠우 헌 하오。

Ⓐ 请代我向你父母问好。 부모님께 안부를 전해 주세요.
Qǐng dài wǒ xiàng nǐ fù mǔ wèn hǎo。
칭 따이 워 쌍 니 푸 무 원 하오。

Ⓑ 好的，谢谢您！ 네, 감사합니다!
Hǎo de, xiè xie nín!
하오 더, 씨에 셰 닌!

단어 ...

父母 fù mǔ (푸무) 부모
身体 shēn tǐ (션티) 신체, 몸
好吗 hǎo ma (하오마) ~좋습니까
代~ dài~ (따이) ~대신
谢谢 xiè xie (씨에셰) 감사하다

向~问好 xiàng~wèn hǎo (쌍~원하오)
　　~에게 안부 전하다
好的 hǎo de (하오더) 좋아, 좋다
　　(응대하는 말로서 '好'보다 단정적임)
他们 tā men (타먼) 그들

05 인사-헤어질 때

회화 전 알아두기   꼭 알아두기

再见!   안녕히 가세요!
Zài jiàn!
짜이 찌엔!

"再见"은 '다시 만나요'라는 의미로 헤어질 때 사용하는 표현이다. 한국어에 해당되는 뜻으로 '안녕히 계세요, 안녕히 가세요'라고 풀이하여 사용한다.

회화 1

A. 再见!   안녕히 가세요!
   Zài jiàn!
   짜이 찌엔!

B. 老师! 再见!   선생님! 또 뵙겠습니다!
   Lǎo shī! Zài jiàn!
   라오 쉬! 짜이 찌엔!

단어 • • •

再见 zài jiàn (짜이찌엔) 다시 만나다, 안녕히 가십시오(혹은 계십시오.)
老师 lǎo shī (라오쉬) 스승, 선생님

学习 • learning

꼭 알아두기 — 회화 전 알아두기

下个星期三见!
Xià ge xīng qī sān jiàn!
샤 거 싱 치 싼 찌엔!

다음 주 수요일에 만나요!

"~见" '~때 보자'라는 의미로 다음에 만날 시간을 구체적으로 정할 때 자주 사용하는 표현이다.

 회화 2

Ⓐ 下个星期三见!
Xià ge xīng qī sān jiàn!
샤 거 싱 치 싼 찌엔!

다음 주 수요일에 만나요!

Ⓑ 好吧, 到时候见。
Hǎo ba, dào shí hou jiàn。
하오 바, 따오 쉬 허우 찌엔。

그래요, 그때 봐요.

단어 • • •

下个 xià ge (샤거) 다음
星期三 xīng qī sān (싱치싼) 수요일
见 jiàn (찌엔) 만나다

好吧 hǎo ba (하오바)
　　그러자(상대의 말에 동의하는 대답)
到时候 dào shí hou (따오쉬허우)
　　(약속하는 시간이 될 때)그때

06 인사-감사할 때

회화 전 알아두기 　　　　　꼭 알아두기

不用谢。　　　　　　　　아닙니다.
Bú yòng xiè。
부 용 씨에。

중국 사람들은 타인으로부터 감사의 표시를 받을 때 흔히 "不用谢" 또는 "不谢"라고 대답하는데, "不用谢"는 한국어로 '감사는 무슨'이라는 의미에 해당된다.

회화 1

Ⓐ 多谢您帮忙!　　　　　도와주셔서 감사합니다!
Duō xiè nín bāng máng!
뚜어 씨에 닌 빵 망!

Ⓑ 不用谢。　　　　　　아닙니다.
Bú yòng xiè。
부 용 씨에。

단어 • • •

多谢 duō xiè (뚜어씨에) 대단히 감사하다
帮忙 bāng máng (빵망) 도움을 주다
不用~ bú yòng~ (부용) ~할 필요 없다

学习 · learning

 **회화 2**

Ⓐ 听说你要回国了,
Tīng shuō nǐ yào huí guó le,
팅 슈어 니 야오 훼이 구어 러,

귀국하신다고 들었습니다,

这个留作纪念吧。
Zhè ge liú zuò jì niàn ba。
쩌 거 리우 쭤 지 녠 바。

이걸 기념으로 받아 주세요.

Ⓑ 啊! 是中国绿茶呀!
à! Shì Zhōng guó lǜ chá ya!
아! 쉬 중구어 뤼 차 야!

아! 중국 녹차군요!

太谢谢你了!
Tài xiè xie nǐ le!
타이 씨에 셰 니 러!

정말 고맙습니다!

단어 • • •

听说 tīng shuō (팅슈어) 듣자하니, 듣건대
要~了 yào ~ le (야오~러) ~할 것이다
回国 huí guó (훼이구어) 귀국하다
这个 zhè ge (쩌거) 이것, 이~
留作~ liú zuò~ (리우쭤) ~으로 남기다
纪念 jì niàn (지녠) 기념, 기념하다

吧 ba (바)
　(제의의 어기를 나타냄)~하세요, ~하실래요.
啊 à (아) (감탄사)아!
是~呀 shì ~ ya (쉬~야) ~이군요
绿茶 lǜ chá (뤼차) 녹차
太~了 tài ~ le (타이~러) 너무 ~하다

07

인사-사과할 때

 회화 1

Ⓐ 这儿已经有人了。
Zhèr yǐ jīng yǒu rén le。
쪄얼 이 찡 요우 런 러。

이 자리 이미 사람이 있습니다.

请到别的位置吧。
Qǐng dào bié de wèi zhì ba。
칭 따오 비에 더 웨이 쥐 바。

다른 자리로 옮기세요.

Ⓑ 是吗? 对不起!
Shì ma? Duì bu qǐ!
쉬 마? 뛔이 부 치!

그래요? 죄송합니다!

"请~吧"는 대화 상대에게 정중하게 제의하거나 부탁할 때 사용한다.

단어 • • •

这儿 zhèr (쪄얼) 여기
已经~了 yǐ jīng~le (이찡~러) 이미 ~되었다
有 yǒu (요우) 있나.
人 rén (런) 사람
到 dào (따오) ~으로 옮기다, ~으로 가다
别的 bié de (비에더) 다른
位置 wèi zhì (웨이쥐) 자리, 위치
是吗 shì ma (쉬마) 그렇습니까?
对不起 duì bu qǐ (뛔이부치) 미안하다

学习 · learning

 회화 2 (A가 B의 발을 실수로 밟는다)

Ⓐ 哎呼, 对不起。　　　　　아이쿠, 죄송합니다.
　　āi ya, duì bu qǐ.
　　아이 야, 뛔이 부 치.

　　没看见。　　　　　　　못 보았습니다.
　　Méi kàn jiàn.
　　메이 칸 찌엔.

Ⓑ 没关系。　　　　　　　　괜찮습니다.
　　Méi guān xi.
　　메이 꾸안 시.

단어 • • •

哎呼 āi ya (아이야) 아이쿠, 이크(놀라움을 나타냄)　　看见 kàn jiàn (칸찌엔) 보이다, 보았다
没~ méi~ (메이~) ~하지 않았다, ~이 없다　　关系 guān xi (꾸안시) 관계
没关系 méi guān xi (메이꾸안시) 상관없다, 염려 없다

08 ● 방문 – 현관 앞에서
09 ● 방문 – 접대할 때
10 ● 방문 – 배웅할 때

08

방문-현관 앞에서

 **회화 1** (B가 벨을 누른다)

Ⓐ 谁呀?   누구세요?
Shéi ya?
셰이 야?

Ⓑ 我是小李的朋友小张, 저는 이군 친구 장군인데요,
Wǒ shì xiǎo lǐ de péng you xiǎo zhāng,
워 쉬 샤오 리 더 펑 요우 샤오 짱,

小李在吗?   이군 있나요?
xiǎo lǐ zài ma?
샤오 리 짜이 마?

Ⓐ 在, 请进。 네, 들어오세요.
Zài, qǐng jìn。
짜이, 칭 찐。

(不在, 请下次再来。) 안 계십니다, 다음에 찾아오세요.
Bú zài, qǐng xià cì zài lái。
부 짜이, 칭 샤 츠 짜이 라이。

"谁"의 발음

"谁"의 발음은 "shéi, shuí" 두 가지가 있다.
그 중 "shéi"는 표준음으로 많이 사용하는 편이다.

学习 · learning

회화 2

Ⓐ 谁呀? 누구세요?
Shéi ya?
셰이 야?

Ⓑ 我是韩国留学生，小韩。 저는 한국 유학생 한군인데,
Wǒ shì Hán guó liú xué shēng, xiǎo hán.
워 쉬 한구어 리우 쉬에 셩, 샤오 한.

这是李明家吗? 여기 이명네 집 맞죠?
Zhè shì Lǐ míng jiā ma?
쩌 쉬 리 밍 찌아 마?

Ⓐ 不是，你找错了。 아니오, 잘못 찾아오셨습니다.
Bú shì, nǐ zhǎo cuò le.
부 쉬, 니 자오 추어 러.

Ⓑ 对不起，对不起。 죄송합니다.
Duì bu qǐ, duì bu qǐ.
뛔이 부 치, 뛔이 부 치.

补课 · supplementary lessons

🎧 발음 - 不의 성조 변화

"不"의 원래 성조는 제 4성이고, "不"가 제1성, 제2성, 제3성의 앞에 있을 경우에는 변함이 없지만 제4성의 앞에 있을 때에만 제2성으로 변한다.
〈※ 본 교재 16쪽에 있는 "不"의 변조(变调)에 관한 설명 참조〉

단어 •••

谁 shéi (셰이) 누구
呀 ya (야)
　　(앞 음절의 모음이 i로 끝날 때 啊가 음이 변한 어조사)
小~ xiāo (샤오~) ~군, 양
在 zài (짜이) 있다, 계시다
进 jìn (찐) 들어오다, 들어가다
不~ bù~ (뿌~) (부정)~하지 않다
下次 xià cì (샤츠) 다음에
再 zài (짜이) 다시
来 lái (라이) 오다

这 zhè (쩌) 여기, 이것
是~吗? shì~ma? (쉬~마) ~입니까?
韩国 Hán guó (한구어) 한국
留学生 liú xué shēng (리우쉬에성) 유학생
家 jiā (찌아) 집
不是 Bú shì (부쉬) 아니다
找 zhǎo (자오) 찾다
错了 cuò le (추어러) 틀렸다
李明 Lǐ míng (리밍) 이명(인명)

09 방문-접대할 때

 **회화 1**

Ⓐ 请随便坐吧。
Qǐng suí biàn zuò ba。
칭 쑤이 삐엔 쭈어 바。

편안하게 앉으세요.

Ⓑ 好，谢谢。
Hǎo, xiè xie。
하오, 씨에 셰。

네, 감사합니다.

Ⓐ 不客气。
Bú kè qi。
부 크어 치。

감사는 무슨.

    중국 사람들이 감사의 인사를 받을 때 흔히 "不客气", "别客气", "客气什么", "不谢" 등으로 대답을 한다. 이 중에 "别客气"와 "客气什么"는 상대방의 감사가 마땅치 않다는 의미로 약간의 질책의 감정이 담겨 있다.

단어 • • •

随便 suí biàn (쑤이삐엔) 편한 대로, 편하게
不客气 Bú kè qi (부크어치) 예의가 필요없다
坐 zuò (쭈어) 앉다
别 bié (비에) 하지 말라

学习 · learning

꼭 알아두기 | 회화 전 알아두기

喝哪一个?
Hē nǎ yí ge?
허 나 이거?

어떤 것으로 드릴까요?

중국어의 의문문도 역시 기본 어순인 '주어 + 동사 + 목적어'를 지킨다. 이 문장에서는 주어 "您"이 생략된 것이다. 그리고 의문대명사 "哪"가 있기 때문에 의문조사 "吗"를 사용하지 않았다.

绿茶吧。
Lǜ chá ba。
뤼 차 바。

녹차로 주세요.

"~吧"는 무엇을 선택하는 질문에 대답할 때 '~을 선택함'을 강조할 경우 사용한다. 이 때 "吧"의 앞에 선택할 물건이나 사람, 또는 지명 등을 붙인다. 동사가 있을 경우 '동사 + 목적어 + 吧'의 순서로 배치한다.

〈예〉 • 喝绿茶吧。Hē lǜ chá ba. (허뤼차바) 녹차를 마시자.
    • 去北京吧。Qù Běi Jīng ba. (취베이찡바) 북경에 가자.

단어 · · ·

喝 hē (허) 마시다
哪一个 nǎ yí ge (나이거) 어느 것
绿茶 lǜ chá (뤼차) 녹차

学习 · learning

회화 2

A 绿茶和橙汁, 喝哪一个?
Lǜ chá hé chéng zhī, hē nǎ yí ge?
뤼 차 허 청 쮜, 허 나 이 거?

녹차와 오렌지주스 중, 어떤 것으로 드릴까요?

B 绿茶吧。 녹차로 주세요.
Lǜ chá ba。
뤼 차 바。

A 给您。 여기 있습니다.
Gěi nín。
게이 닌。

B 多谢! 多谢! 감사합니다!
Duō xiè! Duō xiè!
뚜어 씨에! 뚜어 씨에!

A 客气什么。 별 말씀을요.
Kè qi shén me。
크어 치 션머。

단어 · · ·

和~ hé~ (허~) ~와
橙汁 chéng zhī (청쮜) 오렌지주스
给 gěi (게이) 주다

多谢 duō xiè (뚜어씨에) 대단히 감사하다
客气 kè qi (크어치) 격식, 예의

10 방문-배웅할 때

꼭 알아두기 — 회화 전 알아두기

走了, 갈게요.
Zǒu le,
쩌우 러,

"走了"는 앞의 주어가 누군지에 따라 뜻도 달라집니다.
- 주어가 제 1인칭인 경우 : 나 간다, 우리가 간다
- 주어가 제 3인칭인 경우 : ~이 떠났다, 갔다

那, 请慢走。 그럼, 조심히 가세요.
Nà, qǐng màn zǒu。
나, 칭 만 쩌우。

"那"는 문장 앞에 단독으로 나와 있거나 주어 앞에 나타낼 때 '그럼, 그렇다면'이라는 의미로 해석한다.

 회화 1

Ⓐ **我走了, 再见。** 갈게요, 다음에 또 뵈요.
Wǒ zǒu le, zài jiàn。
워 쩌우 러, 짜이 찌엔。

Ⓑ **那, 请慢走。再见。** 그럼, 조심히 가세요. 또 뵈요.
Nà, qǐng màn zǒu。 Zài jiàn。
나, 칭 만 쩌우。 짜이 찌엔。

学习 · learning

회화 전 알아두기

꼭 알아두기

请回吧。
Qǐng huí ba。
칭 훼이 바。

네, 들어가세요.

"请~吧"는 청구, 명령, 독촉의 어기를 나타낸다. 정중하게 제의하거나 부탁할 때 많이 사용한다.

不远送了。
Bù yuǎn sòng le。
뿌 위엔 쏭 러。

네, 멀리 안 나가겠습니다.

"不~了"는 '더 이상 ~하지 않는다'라는 뜻으로, 이 표현은 '더 이상 멀리 안 나가겠다, 더 이상 배웅하지 않겠다'라는 뜻 정도로 해석한다.

走好。
Zǒu hǎo。
쩌우 하오。

살펴가십시오.

"走好"는 헤어질 때 손님에게 쓰는 표현이며 일부 지역에서는 순서를 바꿔 "好走"라고 말하는 경우도 있으나, 대개 "走好" 또는 "请慢走(천천히 가세요)"를 사용한다. 뜻은 '잘 가십시오, 살펴 가십시오' 쯤으로 해석할 수 있다.

단어 · · ·

走了 zǒu le (쩌우러) 떠나다
那 nà (나) 그것, 그렇다면
慢 màn (만) 느리다, 천천히
走 zǒu (쩌우) 가다, 걷다
回 huí (훼이) 돌아가다

不~了 bù ~ le (뿌~러) ~하지 않겠다
远 yuǎn (위엔) 멀다, 멀리
送 sòng (쏭) 배웅하다, 바래다 주다
走好 zǒu hǎo (쩌우하오) 잘 가다

学习  learning

 회화 2

Ⓐ 常来玩儿吧。
Cháng lái wánr ba。
창 라이 왈 바。

자주 놀러오세요.

Ⓑ 好的，请回吧。
Hǎo de, qǐng huí ba。
하오 더, 칭 훼이 바。

네, 들어가세요.

Ⓐ 好，不远送了。
Hǎo, bù yuǎn sòng le。
하오, 뿌 위엔 쑹 러。

네, 멀리 안 나가겠습니다.

请走好。
Qǐng zǒu hǎo。
칭 쩌우 하오。

살펴 가십시오.

대화 상대의 말에 동의할 때 흔히 "好吧(hǎo ba)", "好的", "好" 등으로 대답하지만 "好吧", "好的"는 단정적인 의미를 담고 있다.

단어 • • •

常 cháng (창) 자주, 항상
来 lái (라이) 오다

玩儿 wánr (왈) 놀다
好的 hǎo de (하오더) 좋다, 그래

11 ● **전화 – 전화 통화**
12 ● **전화 – 부재중일 때**

11

전화-전화 통화

회화 1

Ⓐ 喂，是小李家吗？
Wéi, shì xiǎo lǐ jiā ma?
웨이, 쉬 샤오 리 찌아 마?

여보세요, 이군네 집인가요?

Ⓑ 我就是。
Wǒ jiù shì。
워 찌우 쉬。

바로 전데요.

请问，您是哪一位？
Qǐng wèn, nín shì nǎ yí wèi?
칭 원, 닌 쉬 나 이 웨이?

실례지만 누구시죠?

Ⓐ 我是小韩。
Wǒ shì xiǎo hán。
워 쉬 샤오 한。

나 한군이야.

"我是小韩"은 '나는 한군입니다'라는 의미로 성씨 앞에 "小"를 붙일 때 뜻은 '~군, ~양'에 해당된다. 이 표현은 대화 상대가 나를 잘 알고 있을 때 사용하는 표현임으로 처음 만날 때 사용해서는 안 된다.

단어 · · ·

喂 wéi (웨이) 여보세요
是~吗 shì ~ ma (쉬~마) ~입니까?
就 jiù (찌우) 바로

是 shì (쉬) 이다
请问 qǐng wèn (칭원) 말씀 좀 묻겠습니다
哪一位 nǎ yí wèi (나이웨이) 어느 분

学习 • learning

 회화 전 알아두기　　　　　　　　　　　꼭 알아두기

请等一下。　　　　네, 잠깐 기다리세요.
Qǐng děng yí xià。
칭 덩 이 샤。

"一下"는 '한번, 1회'라는 뜻을 지니고 있으나 동사 뒤에 놓여 "~一下"는 '좀 ~하다, 좀 ~해보다'라는 뜻으로 사용한다.

接电话。　　　　전화를 받다.
Jiē diàn huà。
찌에 띠엔 화。

'전화를 받다'의 중국어 표현 어순은 "接电话"인 '받다 전화를'이다. 반대어인 '전화를 하다'도 역시 같은 어순으로 '하다 전화를'인 "打电话(dǎ diàn huà)"라고 한다.

听不出来我的声音吗?　　　내 목소리 모르겠니?
Tīng bù chū lái wǒ de shēng yīn ma?
팅 뿌 추 라이 워 더 성 인 마?

"出来"는 원래 '나오다'라는 뜻이지만 '보다, 듣다, 생각하다'라는 동사 뒤에 쓰여 '알아보다, 알아듣다, (방법 등을)생각해내다'라는 뜻으로 해석이 되어 "听不出来"는 '~의 소리를 알아듣지 못하다'이고 그 반대말인 '~의 소리를 알아듣다'는 "听不出来"에서 "不"를 뺀 "听出来"이다.

学习 · learning

회화 2

Ⓐ 喂，是小李的手机吗? 여보세요, 이군 핸드폰 맞습니까?
　　Wéi, shì xiǎo lǐ de shǒu jī ma?
　　웨이, 쉬 샤오 리 더 셔우 찌 마?

Ⓑ 是呀，请等一下。 네, 잠깐 기다리세요.
　　Shì yā, qǐng děng yí xià。
　　쉬 야, 칭 덩 이 샤。

(C에게)

接电话! 전화받아!
Jiē diàn huà!
찌에 띠엔 화!

(전화받는다)

Ⓒ 喂，谁呀? 네? 누구신데요?
　　Wéi, shéi yā?
　　웨이, 셰이 야?

Ⓐ 我啊，听不出来我的声音吗?
　　Wǒ a, tīng bù chū lái wǒ de shēng yīn ma?
　　워 아, 팅 뿌 추 라이 워 더 셩 인 마?

　　나야, 내 목소리 모르겠니?

Ⓒ 啊! 是小韩呐。 아! 한군이구나.
　　à! Shì xiǎo hán na。
　　아! 쉬 샤오 한 나。

学习 • learning

회화 3

Ⓐ 你的电话号码是多少?
Nǐ de diàn huà hào mǎ shì duō shǎo?
니 더 띠엔 화 하오 마 쉬 뚜어 샤오?

너의 전화번호 몇 번이니?

Ⓑ 我的电话号码是 1080-1282。
Wǒ de diàn huà hào mǎ shì yāo líng bā líng yāo èr bā èr.
워 더 띠엔 화 하오 마 쉬 야오 링 빠 링 야오 얼 빠 얼.

내 전화번호는 1080-1282번이야.

숫자 "1"은 중국어로 "yī"로 발음하지만, 번호에서 나타나는 "1"은 "yāo"로 발음한다.

단어 • • •

等 děng (덩) 기다리다
一下 yí xià (이샤) 잠시, 한 번
接 jiē (찌에) 받다
电话 diàn huà (띠엔화) 전화
打 dǎ (따) (전화)하다
听 tīng (팅) 듣다
听不出来 tīng bù chū lái (팅뿌추라이) (소리를)알아듣지 못하다
声音 shēng yīn (셩인) 소리
多少 duō shǎo (뚜어샤오) 얼마

手机 shǒu jī (셔우찌) 핸드폰
啊 à (아) 아(깨달음)
是~呐 shì ~nà (쉬~나) ~이구나(생각날 때)
电话号码 diàn huà hào mǎ (띠엔화하오마) 전화번호
零 líng (링) 영
一 yāo (야오) 일(번호로 읽을 때)
二 èr (얼) 이
八 bā (빠) 팔

12

전화-부재중일 때

 **회화 1**

Ⓐ **喂，您好。是小张家吗？**
Wéi, nín hǎo. Shì xiǎo zhāng jiā ma?
웨이, 닌 하오。 쉬 샤오 짱 찌아 마?

여보세요, 안녕하세요. 거기 장군네 집인가요?

Ⓑ **是呀，可是他不在。留言吗？**
Shì ya, kě shì tā bú zài. Liú yán ma?
쉬 야, 커 쉬 타 부 짜이。 리우 옌 마?

맞는데, 그는 지금 없어요. 메모라도 해드릴까요?

Ⓐ **不了。他回来请转告他，给李明回个电话。**
Bù le. Tā huí lái qǐng zhuǎn gào tā, gěi Lǐ míng huí ge diàn huà.
뿌 러。 타 훼이 라이 칭 좌안 까오 타, 게이 리 밍 훼이 거 띠엔 화。

아뇨, 집에 오면 이명에게 전화해 달라고 전해 주세요.

Ⓑ **好的。** 네.
hǎo de.
하오 더。

学习 · learning

회화 2

Ⓐ **喂，是小张家吗？** 여보세요, 거기 장군네 집인가요?
Wéi, shì xiǎo zhāng jiā ma?
웨이, 쉬 샤오 짱 찌아 마?

Ⓑ **对，可他不在。** 맞는데, 그는 지금 없어요.
Duì, kě tā bú zài.
뚜에이, 커 타 부 짜이.

Ⓐ **那么，我晚上再打吧。** 그럼, 저녁때 다시 전화하겠습니다.
Nà me, wǒ wǎn shang zài dǎ ba.
나 머, 워 완 샹 짜이 따 바.

Ⓑ **好吧，我转告他。** 네, 그렇게 전하겠습니다.
Hǎo ba, wǒ zhuǎn gào tā.
하오 바, 워 좌안 까오 타.

Ⓐ **谢谢您！** 감사합니다!
Xiè xie nín!
씨에 셰 닌!

표현 익히기 - 인칭대명사   더 알아두기

- 她 tā (타) 그녀 • 她们 tā men (타먼) 그녀들
- 他们 tā men (타먼) 그들 • 你们 nǐ men (니먼) 너희들
- 我们 wǒ men (워먼) 우리들(대화 상대를 포함할 때나 포함하지 않을 때)
- 咱们 zán men (자안먼) 우리들(대화 상대를 포함할 때만)

学习 · learning

 **회화 3 (전화를 잘못 걸었을 때)**

Ⓐ 是李先生家吗?
Shì lǐ xiān shēng jiā ma?
쉬 리 씨엔 셩 찌아 마?

미스터 리네 댁 맞습니까?

Ⓑ 不是, 您打错了。
Bú shì, nín dǎ cuò le.
부 쉬, 닌 따 추어 러.

아니오, 잘못 거셨습니다.

Ⓐ 对不起。
Duì bu qǐ.
뚜에이 부 치.

죄송합니다.

단어 · · ·

可是 kě shì (커쉬) 그러나
他 tā (타) 그이
不在 bú zài (부짜이) 자리에 없다
留言 liú yán (리우옌) 메모를 남기다
不了 bù le (뿌러) 하지 않겠다
回来 huí lái (훼이라이) 돌아오다
转告 zhuǎngào (좌안까오) 알려주다
对 duì (뚜에) 맞다

给~回个〈电话〉 gěi ~ huí ge 〈diàn huà〉
(게이~훼이거〈띠옌화〉) ~에게 ~(전화로) 답장하다
可 kě (커) 그러나
那么 nà me (나머) 그렇다면
晚上 wǎn shang (완샹) 저녁
打 dǎ (따) 걸다
打错了 dǎ cuò le (따추어러) 잘못 걸었다

13 ● **시간과 날짜**
14 ● **날씨에 대한 표현**
15 ● **계절에 대한 표현**

13

시간과 날짜

회화 1

Ⓐ 现在几点?
Xiàn zài jǐ diǎn?
시엔 짜이 지 디엔?

지금 몇 시야?

Ⓑ 现在八点三十七分。
Xiàn zài bā diǎn sān shí qī fēn.
시엔 짜이 빠 디엔 싼 쉬 치 펀.

지금 8시 37분이야.

더 알아두기 | 표현 익히기 - 수사

- 一刻 yí kè (이커) 15분
- 两点 liǎng diǎn (량디엔) 두 시 ("二点"이라고 사용하지 않음)
- 一 yī (이) 일
- 二 èr (얼) 이
- 三 sān (싼) 삼
- 四 sì (쓰) 사
- 五 wǔ (우) 오
- 六 liù (리우) 육
- 七 qī (치) 칠
- 八 bā (빠) 팔
- 九 jiǔ (지우) 구
- 十 shí (쉬) 십
- 零 líng (링) 영
- 百 bǎi (바이) 백
- 一千 yī qiān (이치엔) 일천
- 一万 yī wàn (이완) 일만
- 亿 yì (이) 억

단어 · · ·

现在 xiàn zài (시엔짜이) 지금
几 jǐ (지) 몇
点 diǎn (디엔) 시
分 fēn (펀) 분

学习 · learning

회화 전 알아두기

꼭 알아두기

哦，差十分四点。
ò, chà shí fēn sì diǎn。
오, 차아 쉬 펀 쓰 디엔。

4시 10분 전이구나.

"差~分~点"은 한국어로는 반대로 '~시 ~분 전'이라는 뜻이므로 여기서는 중국어 어순을 주의해야 한다. "差~分"은 '~분 전'이고 "~点"은 '~시'이다.
"哦"는 발음과 성조에 따라 나타내는 감정이 다르다.
- "哦" ó (오) 어머! (놀람, 찬탄을 나타냄)
- "哦" ǒ (오) 어! 아니! (커다란 놀라움이나 반신반의함을 나타냄)
- "哦" ò (오) 아! 오! (납득, 이해, 동의 등을 나타냄)

三点五十了。
Sān diǎn wǔ shí le。
싼 디엔 우 쉬 러。

3시 50분이야.

이 표현에서는 "分" '분'이 생략되었는데, 앞에 "三点"이 있으므로 뒤에 오는 숫자는 분을 나타낸다는 것을 알 수 있다. 그러므로 이런 표현에서는 굳이 "分"을 쓸 필요가 없으므로 "分"을 생략하여 말한다.

단어 · · ·

~了 ~le (~러) ~했나, ~되었다
哦 ò (오) 아!, 오! (납득, 이해, 동의 등을 나타내는 어기조사)
差 chà (차아) 모자라다, (시간 표현) ~전

学习 · learning

회화 2

ⓐ **几点了?**
Jǐ diǎn le?
지 디엔 러?

몇 시 되었니?

ⓑ **三点五十了。**
Sān diǎn wǔ shí le.
싼 디엔 우 쉬 러.

3시 50분이야.

ⓐ **哦, 差十分四点。**
ò, chà shí fēn sì diǎn.
오, 차아 쉬 편 쓰 디엔.

4시 10분 전이구나.

더 알아두기 — 표현 익히기 - 시간(때)

- 上午 shang wǔ (샹우) 오전
- 下午 xià wǔ (샤우) 오후
- 每天 měi tiān (메이티엔) 매일
- 早上 zǎo shang (자오샹) 아침
- 白天 bái tiān (바이티엔) 낮, 대낮
- 晚上 wǎn shang (완샹) 저녁
- 夜 yè (예) 밤
- 以前 yǐ qián (이치엔) 이전
- 以后 yǐ hòu (이허우) 이후
- 年 nián (니엔) 년, 해
- 前年 qián nián (치엔니엔) 재작년
- 去年 qù nián (취니엔) 작년

- 今年 jīn nián (찐니엔) 금년, 올해
- 明年 míng nián (밍니엔) 내년
- 月 yuè (위에) 월, 달
- 上月 shang yuè (샹위에) 지난 달
- 本月 běn yuè (번위에) 이번 달
- 下月 xià yuè (샤위에) 다음 달
- 星期 xīng qī (싱치) 요일, 주
- 前天 qián tiān (치엔티엔) 그제
- 昨天 zuó tiān (쭤티엔) 어제
- 今天 jīn tiān (찐티엔) 오늘
- 明天 míng tiān (밍티엔) 내일
- 后天 hòu tiān (허우티엔) 모레

学习 · learning

회화 3

A 今天几月几号? 오늘 몇 월 며칠이지?
Jīn tiān jǐ yuè jǐ hào?
찐 티엔 지 위에 지 하오?

B 今天六月二十二号。 오늘 6월 22일이야.
Jīn tiān liù yuè èr shí èr hào。
찐 티엔 리우 위에 얼 쉬 얼 하오。

A 你们大学今天放暑假吧?
Nǐ men dà xué jīn tiān fàng shū jià ba?
니 먼 따 쉬에 찐 티엔 퐝 슈 찌아 바?

너의 대학교 오늘부터 방학이지?

B 对。 맞아.
Duì。
뚜에이。

단어 • • •

今天 jīn tiān (찐티엔) 오늘
月 yuè (위에) 월
号 hào (하오) 일
你们 nǐ men (니먼) 너희들

大学 dà xué (따쉬에) 대학교
放暑假 fàng shū jià (퐝슈찌아) 여름방학하다
~吧? ~ba? (~바?) ~이지(확인 의문문)
放寒假 fàng hán jià (퐝한찌아) 겨울방학하다

学习 · learning

꼭 알아두기 | 회화 젼 알아두기

星期几?
Xīng qī jǐ?
싱 치 지?

무슨 요일이지?

"星期几" 중국어로는 '요일 몇'이지만 한국어 어순으로는 '몇 요일'로 해석하면 된다. 여기서 "星期几"는 '몇 요일'이라는 뜻이지만 한국어로는 그냥 '무슨 요일'로 해석하면 된다. 그리고 대답할 때에도 역시 "星期~" 즉, 한국어로는 '~요일'이라고 해석한다.

下星期一是爸爸的生日。
Xià xīng qī yī shì bà ba de shēng rì。
샤 싱 치 이 쉬 빠바 더 셩 르。

다음 주 월요일 아빠 생신이네요.

"星期一"는 '월요일'이라는 뜻인데, 여기 앞에 "下"를 붙여 '다음 주'라는 뜻을 가지게 된다. 그래서 "下星期一"는 '다음 주 월요일'이라는 뜻이다. 그리고 '지난 주'라는 의미를 부여하고자 할 때에는 요일 앞에 "上"을 붙임으로써 '지난 주 ~요일'이 된다.

没想起来。
Méi xiǎng qǐ lái。
메이 씨앙 치 라이。

생각하지 못했다.

"起来"는 원래 '일어서다'라는 뜻이지만 "想"과 같은 일부 동사 뒤에 쓰이면 동작이 완성되거나 목표가 달성됨을 나타낸다. 그래서 "起来" 앞에 '생각하다'라는 동사 "想"을 붙인 "想起来"는 '생각나다'라는 뜻이다. 이 때 '생각나다'는 '기억하고 있었던 내용이 생각나다'라는 의미를 가지고 있다.

"想起来"의 부정문은 "不"를 사용하지 않고 "没"를 사용하여 '생각하지 못했다'인 "没想起来"를 쓴다. 이 때, '생각하지 못했다'라는 뜻은 '잊고 있었다'라는 뜻으로도 해석이 가능하다.

学习 · learning

 **회화 4**

Ⓐ 今天星期几? 오늘 무슨 요일이지?
Jīn tiān xīng qī jǐ?
찐 티엔 싱 치 지?

Ⓑ 星期五。 下星期一是爸爸的生日。
Xīng qī wǔ。 Xià xīng qī yī shì bà ba de shēng rì。
싱 치 우。 샤 싱 치 이 쉬 빠바 더 셩 르。

금요일이야. 다음 주 월요일 아빠 생신이네요.

Ⓐ 是吗? 没想起来。 그래? 까먹고 있었네.
Shì ma? Méi xiǎng qǐ lái。
쉬 마? 메이 씨앙 치 라이。

단어 ・・・

星期几 xīng qī jǐ (싱치지) 무슨 요일(몇 요일)   生日 shēng rì (셩르) 생일
下星期 xià xīng qī (샤싱치) 다음 주   没~ méi~ (메이~) ~하지 않았다, ~하지 못했다
爸爸 bà ba (빠바) 아빠, 아버지   想起来 xiǎng qǐ lái (씨앙치라이) 생각나다

补课 • supplementary lessons

더 알아두기 | 표현 익히기 - 요일 명칭

일요일을 제외한 월요일부터 토요일까지 숫자 순으로 "星期" 뒤에 붙여 요일을 표시한다.
- 星期一 xīng qī yī (싱치이) 월요일
- 星期二 xīng qī èr (싱치얼) 화요일
- 星期三 xīng qī sān (싱치싼) 수요일
- 星期四 xīng qī sì (싱치쓰) 목요일
- 星期五 xīng qī wǔ (싱치우) 금요일
- 星期六 xīng qī liù (싱치리우) 토요일
- 星期天 xīng qī tiān (싱치티엔) 일요일(말할 때)
- 星期日 xīng qī rì (싱치르) 일요일 (달력에 표시할 때)

더 알아두기 | 표현 익히기 - 가족 호칭

- 爷爷 yé ye (예예) 할아버지
- 奶奶 nǎi nai (나이나이) 할머니
- 外公[老爷] wài gōng (와이꿍) 외할아버지
- 外婆[老老] wài pó (와이포) 외할머니
- 爸爸 bà ba (빠바) 아빠, 아버지
- 妈妈 mā ma (마마) 엄마, 어머니
- 爱人 ài ren (아이런) 부인(남편)
- 丈夫 zhàng fu (장푸) 남편
- 妻子 qī zǐ (치쯔) 아내
- 儿子 ér zi (얼쯔) 아들
- 女儿 nǚ ér (뉘얼) 딸

- 儿媳 ér xí (얼씨) 며느리
- 女婿 nǚ xu (뉘쉬) 사위
- 孙子 sūn zi (쑨쯔) 손자
- 孙女 sūn nǚ (쑨뉘) 손녀
- 外孙子 wài sūn zi (와이쑨쯔) 외손자
- 外孙女 wài sūn nǚ (와이쑨뉘) 외손녀
- 叔叔 shū shu (슈슈) 삼촌
- 哥哥 gē ge (거거) 오빠, 형
- 姐姐 jiě jie (제제) 언니, 누나
- 弟弟 dì di (디디) 남동생
- 妹妹 mèi mei (메이메이) 여동생

14 날씨에 대한 표현

 **회화 1**

Ⓐ 今天天气怎么样，听天气预报了吗?
Jīn tiān tiān qì zěn me yàng, tīng tiān qì yù bào le ma?
찐 티엔 티엔 치 쩐머 양, 팅 티엔 치 위 바오 러 마?

오늘 날씨 어떻대? 일기예보 들었니?

Ⓑ 听了, 下雨。带伞吧。 들었어, 비 온대. 우산 챙겨.
Tīng le, xià yǔ。 Dài sǎn ba。
팅 러, 샤 위。 따이 싼 바。

표현 익히기 - 날씨 　　　　　　　　　더 알아두기

- 晴天 qíng tiān (칭티엔) 맑은 날
- 阴天 yīn tiān (인티엔) 흐린 날
- 热 rè (르어) 덥다
- 冷 lěng (렁) 춥다
- 暖和 nuǎn huo (놘후어) 따뜻하다
- 凉快 liáng kuài (량콰이) 선선하다
- 干燥 gān zào (깐짜오) 건조하다
- 雨天 yǔ tiān (위티엔) 비 오는 날

- 雪天 xuě tiān (쒸에티엔) 눈 오는 날
- 雾天 wù tiān (우티엔) 안개 낀 날
- 风天 fēng tiān (펑티엔) 바람이 부는 날
- 下雪 xià xuě (샤쒸에) 눈이 내리다
- 下雾 xià wù (샤우) 안개가 끼다
- 下雨 xià yǔ (샤위) 비가 내리다
- 刮风 guā fēng (꽈펑) 바람이 불다
- 风停 fēng tíng (펑팅) 바람이 그치다

学习 · learning

 회화 2

Ⓐ 明天天气怎么样，知道吗？
Míng tiān tiān qì zěn me yàng, zhī dào ma?
밍 티엔 티엔 치 쩐머 양, 쥐 따오 마?

내일 날씨 어떤지 알아?

Ⓑ 嗯，天气预报说明天晴。
Ng,   tiān qì yù bào shuō míng tiān qíng.
응, 티엔 치 위 바오 슈어 밍 티엔 칭。

응, 일기예보에서 내일 날씨 맑대.

단어 · · ·

天气 tiān qì (티엔치) 날씨
怎么样 zěn me yàng (쩐머양) 어떻습니까
听 tīng (팅) 듣다
天气预报 tiān qì yù bào (티엔치위바오) 일기예보
~了吗 ~le ma (~러마) ~했습니까?
下雨 xià yǔ (샤위) 비가 내리다
带 dài (따이) 지니다, 가지다

伞 sǎn (싼) 우산
~吧 ~ba (~바) ~하자, ~해라
明天 míng tiān (밍티엔) 내일
知道 zhī dào (쥐따오) 알다
嗯 ng (응) 응(대답할 때)
说 shuō (슈어) 말하다
晴 qíng (칭) (날씨가) 맑다

学习 · learning

 회화 전 알아두기   꼭 알아두기

起乌云了。   먹구름이 꼈어.
Qǐ wū yún le。
치 우 윈 러。

"起"는 원래 동사로서 '(몸에)~이 나다, 생기다'라는 뜻을 가지고 있으나 기상 변화가 일어날 때에도 '~이 생기다, 발생하다'라는 뜻으로 쓰인다. 여기서 "起" 뒤에 "~了"를 붙이면 '~이 생겼다, 발생했다'라는 과거시제로 바뀌게 된다. 그래서 "起乌云了"는 '먹구름이 생겼다' 즉, 한국어로 해석하면 '먹구름이 꼈다'라는 표현이 된다.

好像要下雨。   비가 올 것 같네.
Hǎo xiàng yào xià yǔ。
하오 시앙 야오 샤 위。

"好像~"는 '마치 ~같다'라는 뜻이고, "好像" 뒤에 "要"를 붙인 "好像要~"는 '~할 것 같다'라는 뜻이 된다. 여기서 "要~"는 '~할 것이다'라는 미래시제를 나타낸다. 그래서 "好像要下雨"는 '비가 올 것 같다'라는 뜻이다.

我们进楼里去吧。   우리 건물 안으로 들어가자.
Wǒ men jìn lóu lǐ qù ba。
워 먼 찐 러우 리 취 바。

"进"은 동사로서 '(바깥으로부터 안으로)들다'라는 뜻을 지니고 있는데 여기에 "去"를 붙인 "进去"는 '들어가다'라는 뜻이 된다. 그리고 "进"과 "去" 사이에 위치를 나타내는 단어를 넣은 "进 ~去"는 '~로 들어가다, ~에 들어가다'라는 뜻이 되므로 "进楼里去"는 '건물 안으로 들어가다'라는 뜻이 된다.

学习 · learning

 **회화 3**

Ⓐ 你看天，起乌云了。 하늘 좀 봐, 먹구름이 꼈어.
Nǐ kàn tiān, qǐ wū yún le。
니 칸 티엔, 치 우 윈 러。

Ⓑ 好像要下雨，我们进楼里去吧。
Hǎo xiàng yào xià yǔ, wǒ men jìn lóu li qù ba。
하오 시앙 야오 샤 위, 워 먼 찐 러우 리 취 바。

비가 올 것 같네. 건물로 들어가자.

Ⓐ 好。进去吧。 그래. 들어가자.
Hǎo。 Jìn qù ba。
하오。 찐 취 바。

단어 •••

起~了 qǐ ~le (치~러) ~이 생기다
乌云 wū yún (우윈) 먹구름
好像~ hǎo xiàng~ (하오시앙) ~인 것 같다
要~ yào (야오~) ~하려고 하다
我们~吧 wǒ men ~ba (워먼~바) 우리 ~하자

进~去 jìn ~qù (찐~취) ~에 들어가다
楼 lóu (러우) 건물
~里 ~li (~리) ~안
看 kàn (칸) 보다
天 tiān (티엔) 하늘

学习 · learning

회화 4

ⓐ 今天天气真好! 오늘은 날씨가 좋네!
  Jīn tiān tiān qì zhēn hǎo!
  찐 티엔 티엔 치 쩐 하오!

ⓑ 嗯，咱们去游乐园吧? 응, 우리 놀이공원에 갈래?
  Ng, zán men qù yóu lè yuán ba?
  응, 짠 먼 취 요우 러 위엔 바?

ⓐ 好啊! 좋아!
  Hǎo a!
  하오 아!

"咱们"은 대화상대를 포함한 '우리'라는 뜻이며, 대화 상대가 여러 사람일지라도 모두 포함된다.

단어 • • •

真 zhēn (쩐) 정말
咱们 zán men (짠먼)
  우리(대화 상대를 포함할 때)
去 qù (취) 가다
游乐园 yóu lè yuán (요우러위엔) 놀이공원
好啊 hǎo a (하오아) 좋아

15 계절에 대한 표현

 회화 1

Ⓐ 天气越来越暖和了。 점점 날씨가 따뜻해지고 있어.
　Tiān qì yuè lái yuè nuǎn huo le。
　티엔 치 위에 라이 위에 놘 훠 러。

Ⓑ 嗯，春天到了。 응, 봄이 왔다.
　Ng， chūn tiān dào le。
　응, 춘 티엔 따오 러。

더 알아두기 | 표현 익히기 - 계절, 온도

- 春天 chūn tiān (춘티엔) 봄
- 夏天 xià tiān (씨아티엔) 여름
- 秋天 qiū tiān (치우티엔) 가을
- 冬天 dōng tiān (똥티엔) 겨울

- 最高气温 zuì gāo qì wēn (쭈이까오치원) 최고 기온
- 最低气温 zuì dī qì wēn (쭈이띠치원) 최저 온도
- 零上 líng shàng (링샹) 영상
- 零下 líng xià (링샤) 영하
- 摄氏 shè shì (쉐쉬) 섭씨
- 华氏 huá shì (후아쉬) 화씨

단어 • • •

越来越 yuè lái yuè (위에라이위에) 점점
暖和 nuǎn huo (놘훠) 따뜻하다
春天 chūn tiān (춘티엔) 봄

到 dào (따오) 도착하다
~到了 dào le (~따오러)
　(시간·기간·날짜·계절이)되었다.

学习 · learning

 회화 전 알아두기   꼭 알아두기

给你，穿上这件毛衣。 자, 이 스웨터를 입어.
Gěi nǐ, chuān shang zhè jiàn máo yī.
게이 니, 츄안 샹 쩌 찌엔 마오 이。

"给"의 원래의 뜻은 '주다, ~에게 주다'인데, 여기서는 '자, 줄게'라는 뜻으로 해석한다.
"上"은 '(방향)위'라는 뜻을 가지고 있으나 앞에 "穿(입다)"이라는 동사를 붙임으로써 "穿上"은 '몸에 걸치다'라는 뜻으로 바뀐다.

注意，别感冒了。 조심해, 감기 걸리지 말고.
Zhù yì, bié gǎn mào le.
쭈 이, 비에 간 마오 러。

"别~"는 '~하지 마라'의 의미로 뒤에 "了"를 붙인 "别~了"는 어떤 상황이 출현함이나 또는 지속함을 방지하는 뜻으로 '~하지 마라'에 해당된다.

我健康得很呢! 전 매우 건강해요.
Wǒ jiàn kāng de hěn ne!
워 찌엔 캉 더 헌 너!

"~得很呢"는 "很~"와 뜻이 같은 '매우 ~하다'라는 뜻이다. 그러므로 "健康得很呢"는 "很健康"와 뜻이 같은 '매우 건강하다'라고 사용한다. 하지만 "~得很呢"은 "很~"보다 더 강조하는 의미가 있다.

补课 • supplementary lessons

더 알아두기 양사 "件"의 표현

"件"은 일, 사건, 옷 등을 세는 데 사용하는 양사(量词)이다. "一件毛衣"는 '스웨터 한 벌'이라는 뜻인데, 여기에서 주의해야 하는 것은 중국어 어순이 한국어와 다르다는 것이다. 중국어로는 항상 '숫자 + 양사 + 명사'로 배치한다.

이러한 양사 앞에 숫자 "2"를 붙일 때에는 중국어로 "二"을 사용하지 않고, 항상 "两 liǎng(량)"을 사용하여 '두~'라는 뜻으로 해석한다.

단어 • • •

给 gěi (게이) 주다
穿 chuān (촨) 입다
穿上 chuān shang (촨샹) 걸치다
这件~ zhè jiàn~ (쩌찌엔) 이 한 벌의~
毛衣 máo yī (마오이) 스웨터
注意 zhù yì (쭈이) 주의하다
别~了 bié~ le (비에~러) ~하지 마라
感冒 gǎn mào (간마오) 감기
健康 jiàn kāng (찌엔캉) 건강

~得很呢 ~de hěn ne (~더헌너)
　매우 ~하다
为什么 wèi shén me (웨이선머)
　왜, 어째서
冬天了 dōng tiān le (똥티엔러)
　겨울이 되다
天冷了 tiān lěng le (티엔렁러)
　날씨가 추워지다
不~也可以 bù~ yě kě yǐ (뿌~예커이)
　~하지 않아도 된다

学习 · learning

회화 2

Ⓐ **给你，穿上这件毛衣。**
Gěi nǐ, chuān shang zhè jiàn máo yī.
게이 니, 촨 샹 쪄 찌엔 마오 이.

자, 이 스웨터를 입어.

Ⓑ **为什么?**
Wèi shén me?
웨이 션머?

왜요?

Ⓐ **冬天了，天冷了。**
Dōng tiān le, tiān lěng le.
똥 티엔 러, 티엔 렁 러.

이제 겨울이니까 추워져.

Ⓑ **不穿也可以。**
Bù chuān yě kě yǐ.
뿌 촨 예 커 이.

안 입어도 돼요.

Ⓐ **注意，别感冒了。**
Zhù yì, bié gǎn mào le.
쭈 이, 비에 간 마오 러.

조심해, 감기 걸리지 말고.

Ⓑ **我健康得很呢!**
Wǒ jiàn kāng de hěn ne!
워 찌엔 캉 더 헌 너!

전 매우 건강해요.

补课 • supplementary lessons

더 알아두기 　표현 익히기 - 신체

- 身体 shēn tǐ (션티) 신체
- 头 tóu (터우) 머리
- 额头 é tóu (으터우) 이마
- 头发 tóu fa (터우퐈) 머리카락
- 脸 liǎn (리앤) 얼굴
- 眉毛 méi mao (메이마오) 눈썹
- 眼睛 yǎn jīng (이엔찡) 눈
- 鼻子 bí zi (비즈) 코
- 嘴 zuǐ (쮀이) 입
- 舌头 shé tou (셔터우) 혀
- 牙齿 yá chǐ (야치) 이, 치아
- 耳朵 ěr duo (얼뚜어) 귀
- 脖子 bó zi (보어즈) 목
- 肩膀 jiān bǎng (찌엔빵) 어깨
- 胳膊 gē bo (끄어보) 팔
- 手 shǒu (셔우) 손

- 手指 shǒu zhǐ (셔우쥐) 손가락
- 手腕 shǒu wàn (셔우완) 손목
- 掌 zhǎng (쟝) 손바닥
- 肚子 dù zi (뚜즈) 배
- 肚脐 dù qí (뚜치) 배꼽
- 腰 yāo (야오) 허리
- 腿 tuǐ (퇴이) 다리
- 膝盖 xī gài (씨까이) 무릎
- 臀部 tún bù (툰뿌) 엉덩이
- 大腿 dà tuǐ (따퇴이) 넓적다리
- 小腿 xiǎo tuǐ (샤오퇴이) 아랫다리
- 脚 jiǎo (쟈오) 발
- 脚趾 jiǎo zhǐ (쟈오즈) 발가락
- 脚腕 jiǎo wàn (쟈오완) 발목
- 脚掌 jiǎo zhǎng (쟈오쟝) 발바닥

더 알아두기 　손가락으로 숫자 표현하기

一 yī (이) 일　　二 èr (얼) 이　　三 sān (싼) 삼　　四 sì (쓰) 사　　五 wǔ (우) 오

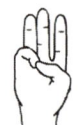    

六 liù (리우) 육　　七 qī (치) 칠　　八 bā (빠) 팔　　九 jiǔ (지우) 구　　十 shí (쉬) 십

16 ● **약속 – 약속할 때**
17 ● **약속 – 지각할 때**
18 ● **약속 – 약속 변경**

16 약속 – 약속할 때

꼭 알아두기 — 회화 먼저 알아두기

咱们星期六去看电影吧。
Zán men xīng qī liù qù kàn diàn yǐng ba。
짠 먼 싱 치 리우 취 칸 띠엔 잉 바。

우리 토요일에 영화 보러 가자.

"去看~"는 '~보러 가다'라는 뜻이다. 이러한 문장 중 "去"는 다른 동사 앞에 놓여 '여기에서 떠나 ~하고자 하다, 가서 ~하다'라는 의미로 쓰인다.

在哪儿见?
Zài nǎr jiàn?
짜이 날 찌엔?

어디서 만날까?

이 문장에서 "哪儿"은 그 자체가 하나의 글자로 취급되므로 한 음절로 되어 있다. 그리고 "哪儿"은 의문대명사이므로 "在哪儿见?"에 의문조사인 "吗"를 붙이지 않는다.

不见不散。
Bú jiàn bú sàn。
부 찌엔 부 싼。

만나지 않으면 헤어지지 않는다.

이 표현은 원래 '만나지 않으면 헤어지지 않는다'라는 뜻이지만 중국 사람들은 만나는 약속을 할 때 '꼭 만나야 한다'라는 뜻을 강조하는 의미로 흔히 습관적으로 쓰는 표현이다.

学习 · learning

회화 1

Ⓐ 咱们星期六去看电影吧。
Zán men xīng qī liù qù kàn diàn yǐng ba.
짠 먼 싱 치 리우 취 칸 띠엔 잉 바.

우리 토요일에 영화 보러 가자.

Ⓑ 行啊, 几点, 在哪儿见?
Xíng a, jǐ diǎn, zài nǎr jiàn?
씽 아, 지 디엔, 짜이 날 찌엔?

그래, 몇 시에 어디서 만날까?

Ⓐ 早上九点在百货商店前边的车站, 怎么样?
Zǎo shang jiǔ diǎn zài bǎi huò shang diàn qián biān de chē zhàn, zěn me yàng?
짜오 샹 지우 디엔 짜이 바이 훠 샹 띠엔 치엔 비엔 더 처 짠, 쩐 머 양?

아침 9시에 백화점 앞 버스정류장에서, 어때?

Ⓑ 好吧, 不见不散。   좋아, 약속해.
Hǎo ba, bú jiàn bú sàn.
하오 바, 부 찌엔 부 싼.

단어 · · ·

电影 diàn yǐng (띠엔잉) 영화
在~ zài~ (짜이~) ~에서
哪儿 nǎr (날) 어디
行啊 xíng a (씽아) 되다
早上 zǎo shàng (짜오샹) 아침

百货商店 bǎi huò shāng diàn (바이훠샹띠엔) 백화점
前边 qiánbiān (치엔비엔) 앞에
车站 chē zhàn (처짠) 정류장

学习 · learning

꼭 알아두기 — 회화 전 알아두기

一起吃午饭。
Yì qǐ chī wǔ fàn.
이 치 취 우 판.

같이 식사하다.

이 표현에서 주의해야 할 점은 어순이다. 한국의 어순은 '같이 식사하다'지만 중국어 어순은 '같이 하다 식사를'이라고 표현한다.

十二点半在麦当劳见。
Shí èr diǎn bàn zài Mài dāng láo jiàn.
쉬 얼 디엔 빤 짜이 마이당라오 찌엔.

12시 반에 맥도날드에서 만나자.

'어떤 시간에 어디에서 무엇을 하다'는 표현의 중국어 어순 :
- 시간명사 + 在 + 장소(명사) + 동사
⇨ 十二点半 + 在 + 麦当劳 + 见。

단어 · · ·

一起 yì qǐ (이치) 같이, 함께
吃 chī (취) 먹다
午饭 wǔ fàn (우판) 점심밥

半 bàn (빤) 반
在~见 zài ~jiàn (짜이~찌엔) ~에서 만나다
麦当劳 Mài dāng láo (마이당라오) 맥도날드

学习 · learning

회화 2

Ⓐ 今天一起吃午饭，好吗？
Jīn tiān yì qǐ chī wǔ fàn, hǎo ma?
찐 티엔 이 치 취 우 판, 하오 마?

오늘 점심 식사 같이 할래?

Ⓑ 好啊，在哪儿吃？   좋아, 어디서 먹을까?
Hǎo a, zài nǎr chī?
하오 아, 짜이 날 취?

Ⓐ 十二点半在麦当劳见。
Shí èr diǎn bàn zài Mài dāng láo jiàn.
쉬 얼 디엔 빤 짜이 마이당라오 찌엔.

12시 반에 맥도날드에서 만나자.

Ⓑ 嗯。   응.
Ng.
응.

단어 · · ·

好吗? hǎo ma? (하오마) 좋습니까?

16 약속 - 약속할 때 | 87

17

약속-지각할 때

꼭 알아두기 — 회화 전 알아두기

你晚了二十分钟!
Nǐ wǎn le èr shí fēn zhōng!
니 완 러 얼 쉬 펀 쭝!

너 20분이나 늦었어!

'~분 동안 …하다'의 중국어 어순은 '~하다 ~분 동안'이고 어떤 동작이 지속되는 시간명사는 항상 동사 뒤에 오는데, 동사 뒤에 "了"가 있을 경우에는 "了" 뒤에 시간명사를 붙인다.

회화 1

Ⓐ 你晚了二十分钟!
Nǐ wǎn le èr shí fēn zhōng!
니 완 러 얼 쉬 펀 쭝!

너 20분이나 늦었어!

Ⓑ 对不起, 堵车。
Duì bu qǐ, dǔ chē.
뛔이 부 치, 두 처.

미안해, 차가 막혀서.

단어 · · ·

晚了 wǎn le (완러) (정규된 또는 적당한 시간보다) 늦다
分钟 fēn zhōng (펀쭝) (시간의 분을 강조할 때) 분
堵车 dǔ chē (두처) 차가 막히다

学习 · learning

회화 전 알아두기

꼭 알아두기

又来晚了!
Yòu lái wǎn le!
요우 라이 완 러!

또 늦게 왔어!

"又"는 동사 앞에 놓여 동작의 반복 또는 연속을 나타낸다. "来晚了"는 단지 '늦었다'라는 의미를 갖고 있지만 여기에 "又"를 추가한 "又来晚了"는 '또 늦었다'는 반복의 의미를 나타내고 있다.

真抱歉。起床晚了。
Zhēn bào qiàn。 Qǐ chuáng wǎn le。
쩐 바오 치엔。 치 촹 완 러。

정말 미안해. 늦게 일어났어.

"抱歉"은 '미안한 마음을 품다, 미안하게 생각하다'라는 뜻을 가지고 있으며 "对不起"보다 더욱 미안하다는 뜻을 강조하는 사과문이다.

동사 뒤에 "晚了"를 붙이면 중국어의 어순으로는 '~했다 늦게'라는 의미가 되는데, 한국어 어순으로는 '늦게 ~했다'로 해석하면 된다.

"晚"의 반대말은 "早(자오)"이다. "~早了"는 '일찍 ~했다'에 해당된다.

没关系。
Méi guān xi。
메이 꾸안 시。

괜찮아.

"没关系"는 사과를 받을 때 대답하는 말로 '괜찮다'에 해당되나 다른 상황에서 '염려없다, 문제없다'라는 뜻으로 사용된다.

学习 · learning

회화 2

Ⓐ 又来晚了!
Yòu lái wǎn le!
요우 라이 완 러!

또 늦게 왔어!

Ⓑ 真抱歉。 起床晚了。
Zhēn bào qiàn。 Qǐ chuáng wǎn le。
쩐 바오 치엔。 치 촹 완 러。

정말 미안해. 늦게 일어나서.

Ⓐ 没关系。
Méi guān xi。
메이 꾸안 시。

괜찮아.

단어 ...

又 yòu (요우) 또
来 lái (라이) 오다
真 zhēn (쩐) 정말

抱歉 bào qiàn (바오치엔) 미안한 마음을 품다
起床 qǐ chuáng (치촹) (아침) 일어나다
没关系 méi guān xi (메이꾸안시) 상관없다

18
약속-약속 변경

회화 전 알아두기

꼭 알아두기

那个, 咱们约好见面的事……。
Nèi ge, zán men yuē hǎo jiàn miàn de shì……。
네이 거, 짠 먼 위에 하오 찌엔 미엔 더 쉬……。

저기, 만나기로 했던 거 말이야…….

"那个"의 "那" 발음은 원래 nà인데, 이 때 "那"의 뜻은 '그것, 저것'이다. 하지만 여기서는 발음이 nèi로 바뀌어 뒤에 "个"를 붙인 "那个"는 문장의 맨 앞에 단독으로 나타낼 때 '저기, 있잖아'라는 뜻으로 사용한다.

怎么了?   그건 왜?
Zěn me le?
쩐머 러?

이 표현은 여기서는 '그건 왜?'라는 뜻이지만 앞의 내용에 따라 그 뜻이 달라진다. 보통 '어떻게 됐어? 무슨 일이야? 그건 왜? 왜 그래?'라는 뜻으로 자주 사용한다.

学习 · learning

회화 1

Ⓐ 那个, 咱们约好见面的事……。
Nèi ge, zán men yuē hǎo jiàn miàn de shì……。
네이 거, 짠 먼 위에 하오 찌엔 미엔 더 쉬……。

저기, 만나기로 했던 거 말이야…….

Ⓑ 怎么了?　　　　　　　　　　그건 왜?
Zěn me le?
쩐 머 러?

Ⓐ 别六点了, 八点吧。　　　　6시 말고 8시에 만나자.
Bié liù diǎn le, bā diǎn ba。
비에 리우 디엔 러, 빠 디엔 바。

Ⓑ 嗯, 知道了。　　　　　　　응, 알았어.
Ng, zhī dào le。
응, 쥐 따오 러。

단어 • • •

那个 nèi ge (네이거) 저기, 있잖아
约好 yuē hǎo (위에하오) 약속되다
见面 jiàn miàn (찌엔미엔) 만나다
~的 ~de (~더) ~의
事 shì (쉬) 일
别~了 bié~ le (비에~러) ~으로 하지 마라

学习 · learning

회화 전 알아두기

꼭 알아두기

明天不能见面了。
Míng tiān bù néng jiàn miàn le。
밍 티엔 뿌 넝 찌엔 미엔 러。

내일은 못 만나겠어.

"不能~了"는 원래 예정되었던 일이 갑자기 변동될 때 쓰는 표현이다. '~' 안에는 예전에 약속되거나 예정되었던 일을 넣어 '~하지 못하게 되었다'라는 뜻이 된다.

这个星期天九点老地方见。
Zhè ge xīng qī tiān jiǔ diǎn lǎo dì fang jiàn。
쩌 거 씽 치 티엔 지우 디엔 라오 띠 퐝 지엔。

이번 주 일요일 9시에 거기서 만나자.

"老地方"은 '원래의 곳, 늘 가는 곳'이라는 뜻으로, 대화 상대가 알고 있는 곳을 말할 때 사용한다. 여기서 한국어 해석은 '그곳, 거기'쯤으로 해석해도 무난하다.

단어 • • •

不能~了 bù néng ~ le (뿌넝~러) ~할 수 없다
见面 jiàn miàn (찌엔미엔) 만나다
这个 zhè ge (쩌거) 이번, 이것
老地方 lǎo dì fang (라오띠퐝) 늘 만났던 곳(상대방이 아는 곳)

18 약속 - 약속 변경 | 93

学习 • learning

 회화 2

A 我有事，明天不能见面了。
Wǒ yǒu shì, míng tiān bù néng jiàn miàn le。
워 요우 쉬, 밍 티엔 뿌 넝 찌엔 미엔 러。

나, 일이 있어서 내일은 못 만나겠어.

B 那，什么时候见呢？   그럼, 언제 만날까?
Nà, shén me shí hou jiàn ne?
나, 션머 쉬 허우 찌엔 너?

A 这个星期天怎么样？有时间吗？
Zhè ge xīng qī tiān zěn me yàng? Yǒu shí jiān ma?
쪄 거 씽 치 티엔 쩐머 양? 요우 쉬 찌엔 마?

이번 주 일요일 어때? 시간 있어?

B 好吧。这个星期天九点老地方见。
Hǎo ba。 Zhè ge xīng qī tiān jiǔ diǎn lǎo dì fang jiàn。
하오 바。 쪄 거 씽 치 티엔 지우 디엔 라오 띠 팡 지엔。

좋아. 이번 주 일요일 9시에 거기서 만나자.

단어 •••

有事 yǒu shì (요우쉬) 볼 일이 있다
那 nà (나) 그럼
什么时候 shén me shí hou (션머쉬허우) 언제
呢 ne (너) (어기사로서 말투를 부드럽게 함)

有~吗 yǒu ~ma (요우마) ~있습니까?
时间 shí jiān (쉬찌엔) (셀 수 없는) 시간
好吧 hǎo ba (하오바) 좋다(대답할 때)

19 • **교통 – 기차, 지하철 타기**
20 • **교통 – 택시 타기**
21 • **교통 – 버스 타기**
22 • **교통 – 배 타기**
23 • **교통 – 비행기 타기**

19

교통-기차, 지하철 타기

꼭 알아두기 — 회화 전 알아두기

买十八次特快。
Mǎi shí bā cì tè kuài。
마이 쉬 바 츠 터 콰이。

18번 고속열차 예매하려는데요.

"特快"는 중국의 상급 기차이다. 속도가 빠르고 시설도 가장 좋아 장거리 승객을 위한 침대 칸이 많고, 좌석칸은 그리 많지 않다. 그리고 주로 큰 도시나 관광 도시에만 정차한다. 이러한 기차의 이름은 "十八次"와 같이 한 자릿수나 두 자릿수 숫자 뒤에 "次"를 붙여 기차를 구분한다.

상급기차 외에는 주요 도시를 연결하는 直快(zhí kuài)기차와 普快(pǔ kuài)기차가 있는데, 直快는 비교적 장거리 운행하며, 식당 칸과 침대칸이 3~4개 있고, 그 외에는 모두 좌석 칸이다. 普快는 낮 시간에 비교적 짧은 거리를 운행하며 주로 좌석 칸만 있다. 기차의 이름은 세 자리 수로 뒤에 "次"를 붙여 구분한다.

단어 • • •

买 mǎi (마이) 사다
次 cì (츠) 번(횟수를 나타냄)

特快 tè kuài (터콰이) (중국의)특급기차, 고속열차

学习 · learning

회화 1

Ⓐ **买十八次特快。** 18번 고속 열차 예매하려고요.
Mǎi shí bā cì tè kuài.
마이 쉬 바 츠 터 콰이.

有明天早上七点的吗? 내일 아침 7시 것 있습니까?
Yǒu míng tiān zǎo shang qī diǎn de ma?
요우 밍 티엔 짜오 샹 치 디엔 더 마?

Ⓑ **有。 要卧铺吗?** 있습니다. 침대칸 필요합니까?
Yǒu. Yào wò pù ma?
요우. 야오 워 푸 마?

Ⓐ **要一张。** 네, 한 장요.
Yào yì zhāng.
야오 이 짱.

Ⓑ **四百元。** 400원입니다.
Sì bǎi yuán.
쓰 바이 위엔.

단어 • • •

早上 zǎo shang (짜오샹) 아침
要 yào (야오) 필요하다
卧铺 wò pù (워푸마) (중국 기차의)침대칸
张 zhāng (짱) 장(종이 등을 셀 때)
百 bǎi (바이) 백
元 yuán (위엔) 원(화폐 단위)

学习 · learning

 **회화 2**

Ⓐ 请问，开往北京的列车，
Qǐng wèn, kāi wǎng Běi jīng de liè chē,
칭 원, 카이 왕 베이찡 더 리에 처,

저기요, 북경에 가는 열차는

在几号站台坐车?
zài jǐ hào zhàn tái zuò chē?
짜이 지 하오 짠 타이 쭈어 처?

몇 번 승강장에서 탑니까?

Ⓑ 三号站台。但是现在不能进。
Sān hào zhàn tái. Dàn shì xiàn zài bù néng jìn.
싼 하오 짠 타이。 딴 쉬 시엔 짜이 뿌 넝 찐。

3번입니다. 하지만 지금 들어갈 수 없습니다.

开车二十分钟前可以进。
Kāi chē èr shí fēn zhōng qián kě yǐ jìn.
카이 처 얼 쉬 펀 중 치엔 커 이 찐。

출발 20분 전에 들어갈 수 있습니다.

Ⓐ 哦，是这样。
o, shì zhè yàng.
오, 쉬 쩌 양。

오, 그렇군요.

补课 • supplementary lessons

표현 익히기 - 중국 화폐 단위

중국 화폐의 지폐는 100원, 50원, 20원, 10원, 5원, 2원, 1원으로 되어 있고, 1원인 "一元"은 "十角"이고, "一角"는 "十分"이다.
중국 화폐는 "人民币 Rén mín bì (런민삐)"라고 부른다.

• 말할 때:

块 kuài (콰이) 원
毛 máo (마오) 10전
分 fēn (펀) 전

• 쓸 때:

元 yuán (위엔) 원
角 jiǎo (쟈오) 10전
分 fēn (펀) 전

단어 • • •

开往~ kāi wǎng~ (카이왕~) ~으로 가는
北京 Běi jīng (베이찡) 북경
~的 ~de (더) ~하는
列车 liè chē (리에처) 열차
在~ zài~ (짜이~) ~에서
号 hào (하오) 번호
站台 zhàn tái (짠타이) 플랫폼, 승강장
坐 zuò (쭈어) (교통수단에)타다
车 chē (처) 차
但是 dàn shì (딴쉬) 그러나, 하지만

不能进 bù néng jìn (뿌넝찐) 들어갈 수 없다
开车 kāi chē (카이처)
　　차가 떠나다, 차를 운전하다
分钟 fēn zhōng (펀중) (분을 강조할 때)분
前 qián (치엔) (~하기)전, 앞
可以 kě yǐ (커이) 할 수 있다
进 jìn (찐) 들어가다
这样 zhè yàng (쩌양) 이렇게
是这样 shì zhè yàng (쉬쩌양) 이런 것이다
请问 qǐng wèn (칭원) 말씀 좀 묻겠습니다

学习 • learning

 회화 3

Ⓐ 到北京火车站，两张。
Dào běi jīng huǒ chē zhàn, liǎng zhāng.
따오 베이찡 훠 처 짠, 량 짱.

북경 기차역까지 가는데, 두 장 주세요.

Ⓑ 四元。　　4원입니다.
Sì yuán.
쓰 위엔.

 회화 4

Ⓐ 去北京火车站，是在这儿坐吗？
Qù běi jīng huǒ chē zhàn, shì zài zhèr zuò ma?
취 베이찡 훠 처 짠, 쉬 짜이 쪄얼 쭈어 마?

북경 기차역까지 가는데, 여기서 탑니까?

Ⓑ 不是。去对面坐。　　아니오. 맞은편에서 타세요.
Bú shì.　Qù duì miàn zuò.
부 쉬.　취 뚜이 미엔 쭈어.

단어 • • •

到 dào (따오) ~에 가다　　两 liǎng (량) 둘, 두
火车 huǒ chē (훠처) 기차　　这儿 zhèr (쪄얼) 여기
站 zhàn (짠) 정거장, 역　　对面 duì miàn (뚜이미엔) 맞은편

20 교통-택시 타기

회화 1

Ⓐ 出租车!
Chū zū chē!
추 주 처!

택시!

Ⓑ 去哪里?
Qù nǎ lǐ?
취 나 리?

어디 가십니까?

Ⓐ 离这儿近的地铁站。
Lí zhèr jìn de dì tiě zhàn。
리 쪄얼 찐 더 띠 티예 짠。

여기서 가까운 지하철역이요.

Ⓑ 好吧。
Hǎo ba。
하오 바。

네.

Ⓐ 多少钱?
Duō shao qián?
뚜어 샤오 치옌?

얼마입니까?

Ⓑ 按记价器给就行。
àn jì jià qì gěi jiù xíng。
안 찌 쨔 치 게이 찌우 씽。

요금 미터기 따라 내시면 됩니다.

补课 • supplementary lessons

더 알아두기 | 용법 익히기

"的士"는 현대 중국인들이 사용하는 택시의 또 다른 이름이다.
　여기에서 "的"의 발음이 dī이다. 그리고 '택시를 타다'라고 말할 때 주로 "打的(dǎ dī)"라고 한다.

　중국의 큰 도시인 "上海"와 "北京" 등의 도시에서는 택시의 기본요금이 "十元"이고 1킬로미터에 약 "一元六角"로 계산한다.

단어 • • •

出租车 chū zū chē (추주처) 택시
哪里 nǎ lǐ (나리) 어디
离~ lí~ (리~) ~에서의 거리
这儿 zhèr (쩌얼) 여기
近的 jìn de (찐더) 가까운
地铁 dì tiě (띠티예) 지하철
多少 duō shǎo (뚜어샤오) 얼마

钱 qián (치옌) 돈
按~ àn~ (안~) ~에 따라
给 gěi (게이) 주다
记价器 jì jià qi (찌짜치) 요금미터기
~就行 ~jiù xíng (~찌우씽) ~하면 되다
的士 dī shì (디스) 택시

学习 · learning

회화 2

A 可以搭乘吗?
Kě yǐ dā chéng ma?
커 이 다 청 마?

합승 좀 해도 됩니까?

B 您到哪里?
Nín dào nǎ lǐ?
닌 따오 나 리?

어디에 가시는데요?

A 过三个十字路口就行。
Guò sān ge shí zì lù kǒu jiù xíng。
꿔 싼 거 쉬 쯔 루 커우 찌우 씽。

사거리 세 개 지나면 됩니다.

B 好。上车吧。
Hǎo。 Shàng chē ba。
하오。 샹 처 바。

네. 타세요.

A 给您起价费就可以吧?
Gěi nín qǐ jià fèi jiù kě yi ba?
게이 닌 치 쨔 페이 찌우 커 이 바?

기본 요금 드리면 되죠?

B 可以, 十块。
Kě yǐ, shí kuài。
커 이, 쉬 콰이。

네, 10원입니다.

补课 · supplementary lessons

더 알아두기 | 표현 익히기 - 교통

- 小汽车 xiǎo qì chē (샤오치처) 자가용 자동차
- 轿车 jiào chē (쨔오처) (옛 용어)자가용 자동차
- 修车 xiū chē (씨우처) 차를 수리하다
- 加油站 jiā yóu zhàn (찌아요우짠) 주유소
- 汽车配件 qì chē pèi jiàn (치처페이찌엔) 자동차 부품
- 停车场 tíng chē chǎng (팅처차앙) 주차장
- 地下 dì xià (띠시아) 지하
- 停车费 tíng chē fèi (팅처페이) 주차요금
- 加油 jiā yóu (지아요우) 주유하다
- 公共汽车 gōng gòng qì chē (꿍꿍치처) 버스
- 汽车 qì chē (치처) 자동차
- 自行车 zì xíng chē (쯔씽처) 자전거

단어 • • •

可以~吗? kě yǐ~ ma? (커이~마) ~해도 됩니까?
搭乘 dā chéng (다청) (택시)합승하다
过 guò (꿔) 지나다
个 ge (거) 개
十字路口 shí zì lù kǒu (쉬쯔루커우) 사거리

上车 shàng chē (상처) 차에 타다
起价费 qǐ jià fèi (치쨔페이) (택시)기본요금
　　한어수평고시 HSK의 기본 어휘에서 택시 기본요금을
　　起步价 qǐ bù jià (치뿌쨔)로 통일한다
~就可以 ~jiù kě yǐ (~찌우커이) ~하면 되다
可以 kě yǐ (커이) 할 수 있다
块 kuài (콰이) (중국 화폐 단위)원

104

21 교통–버스 타기

 회화 1

Ⓐ 这路车到北京火车站吗?
Zhè lù chē dào Běi jīng huǒ chē zhàn ma?
쪄 루 처 따오 베이찡 훠 처 짠 마?

이 차 북경 기차역 가죠?

Ⓑ 不到。 得坐11路。 아니오. 11번 타십시오.
Bú dào。 Děi zuò shí yī lù。
부 따오。 데이 쭈어 쉬 이 루。

Ⓐ 哦，谢谢。 아, 감사합니다.
ò, xiè xie。
오, 씨에 셰。

중국어로 "这路车"라고 하면 '이 버스'라는 뜻으로 통한다. "路"는 원래 '길'이라는 뜻이지만 버스를 구별하는 번호로도 사용된다. "11路"는 '11번 버스'를 가리킨다.

단어

路 lù (루) (버스의)번, 길
不到~ bú dào~ (부따오) ~에 가지 않다

得 děi (데이) 해야 하다

学习 • learning

회화 2

Ⓐ **请问，去王府井要坐几路车？**
Qǐng wèn, qù Wáng fǔ jǐng yào zuò jǐ lù chē?
칭 원, 취 왕 푸 징 야오 쭈어 지 루 처?

저기, 실례지만 왕부정에 가려면 버스 몇 번을 타야 하나요?

Ⓑ **过了马路，坐 01路。**
Guò le mǎ lù, zuò líng yāo lù.
꿔 러 마 루, 쭈어 링 야오 루.

길 건너셔서 01번 타세요.

Ⓐ **谢谢。**   감사합니다.
Xiè xie。
씨에 셰。

단어 • • •

王府井 Wáng fǔ jǐng (왕푸징) (북경의 유명한 거리의 이름)왕부정
要~ yào~ (야오~) ~해야 하다, ~할 것이다
过了~ guò le~ (꿔러~) ~을 지나서
马路 mǎ lù (마루) 큰길
01路 líng yāo lù (링야오루) 01번(번호로 표시하는 1의 발음은 yāo이다)
　　　한국에서는 '01'번 버스처럼 '0'으로 시작하는 버스가 있지만 중국에서는 '0'으로 시작하는 버스가 없다

22 교통-배 타기

 **회화 1**

A 从青岛到仁川多少钱?
Cóng Qīng dǎo dào Rén chuān duō shao qián?
총 칭따오 따오 런촨 뚸어 샤오 치엔?

청도에서 인천까지 가는 건 얼마인가요?

B 一百美元。
Yì bǎi měi yuán。
이 바이 메이 위엔。

100달러입니다.

표현 익히기 - 외국 화폐

더 알아두기

중국어로 '외국 돈'을 "外币 wài bì (와이삐)"라고 한다. 하지만 각 나라의 화폐는 각각의 이름이 따로 있다.

- 韩币 hán bì (한삐) 한국 돈
- 日元 rì yuán (르위엔) 일본 돈
- 英磅 yīng bàng (잉빵) 영국 돈
- 法琅 fǎ láng (퐈라앙) 프랑스 돈
- 欧元 ōu yuán (오우위엔) 유로

단어 • • •

从~到~ cóng~ dào~ (총) ~에서~까지
青岛 Qīngdǎo (칭따오) (도시 이름)청도
仁川 Rén chuān (런촨) (도시 이름)인천
美元 měi yuán (메이위엔) (미국 화폐)달러

学习 · learning

회화 2

Ⓐ 请问，开往大连的船，在哪儿坐？
Qǐng wèn, kāi wǎng Dà lián de chuán, zài nǎr zuò?
칭 원, 카이 왕 따롄 더 촨, 짜이 날 쭈어?

저기요, 대련까지 가는 배는 어디서 타죠?

Ⓑ 右边的出口。   오른쪽 출구입니다.
Yòu biān de chū kǒu.
요우 비옌 더 추 커우.

"请问"은 '말씀 좀 묻겠습니다'라는 뜻을 지니고 있어, 다른 사람에게 길을 묻거나, 무엇을 알아보려고 할 때 자주 사용하는 표현이다.

단어 ...

开往~的 kāiwǎng ~de (카이왕~더)　　船 chuán (촨) 배, 어선
　~으로 가는　　　　　　　　　　　右边的 yòubiān de (요우비옌더) 우측의
大连 Dà lián (따롄) (도시 이름)대련　　出口 chū kǒu (추커우) 출구

学习 · learning

 **회화 3**

Ⓐ **您怎么了?**
Nín zěn me le?
닌 쩐머 러?

왜 그러세요?

Ⓑ **好象是晕船。**
Hǎo xiàng shì yūn chuán.
하오 씨앙 쉬 윈 촨.

배 멀미인 것 같아요.

Ⓐ **那,把这片晕船药吃了吧。**
Nà, bǎ zhè piàn yūn chuán yào chī le ba.
나, 빠 쪄 피엔 윈 촨 야오 취 러 바.

그럼, 이 멀미약을 드세요.

过一会儿就好。
Guò yí huìr jiù hǎo.
꾸어 이 후얼 찌우 하오.

잠시 후에 좋아질 겁니다.

Ⓑ **谢谢您。**
Xiè xie nín.
씨에 셰 닌.

감사합니다.

Ⓐ **不用谢。**
Bú yòng xiè.
부 용 씨에.

별 말씀을요.

补课 • supplementary lessons

더 알아두기 용법 익히기

'把 + 목적어 + 동사'는 '(목적어)를 (동사)하게 하다'라고 해석한다.
⇨ 把 + 这片晕船药 + 吃了(이 약을 먹어)

이러한 경우에 "把"는 일반적으로 동작이 작용하는 대상인 목적어를 동사 앞으로 전치(前置)시킬 때 쓰인다. 동작의 대상을 강조하거나, 처치(处置), 사역(使役)의 의미를 나타낸다.

단어 •••

怎么了? zěn me le? (쩐머러) 무슨 일이에요?
晕船 yūn chuán (윈촨) 배멀미
晕~ yūn~ (윈~) (차, 배 비행기 등) ~멀미
把~ bǎ~ (빠~) ~을
片 piàn (피엔) (얇은)조각, (약의)알

药 yào (야오) 약
吃了吧 chī le ba (취러바) 먹어 버리다
一会儿 yí huìr (이후얼) 잠깐 동안
~就好 ~jiù hǎo (~찌우하오) ~하면 좋아지다

23 교통-비행기 타기

 **회화 1**

Ⓐ 有去首尔的航班吗?
Yǒu qù Shǒu ěr de háng bān ma?
요우 취 셔우 얼 더 항 빤 마?

서울 가는 비행기 편이 있습니까?

Ⓑ 明天下午两点亚西亚的还剩三张, 要吗?
Míng tiān xià wǔ liǎng diǎn Yà xī yà de hái shèng sān zhāng, yào ma?
밍 티엔 샤 우 량 디엔 야 시 야 더 하이 셩 싼 짱, 야오 마?

내일 오후 2시에 아시아나 항공권이 3장 남았는데, 드릴까요?

Ⓐ 要两张。有靠窗的吗?
Yào liǎng zhāng。Yǒu kào chuāng de ma?
야오 량 짱。 요우 카오 촹 더 마?

2장 주세요. 창가 쪽 좌석이 있나요?

Ⓑ 没有了。   없습니다.
Méi yǒu le。
메이 요우 러。

23 교통 - 비행기 타기 | 111

补课 · supplementary lessons

더 알아두기 | 표현 익히기 - 비행기

- 飞机场 fēi jī chǎng (페이찌창) 비행기장
- 登机口 dēng jī kǒu (떵찌커우) 탑승구
- 空中小姐 kōng zhōng xiǎo jiě (콩쭝샤오지에) 스튜어디스
- 空姐 kōng jiě (콩찌에) 스튜어디스의 준말
- 机长 jī zhǎng (찌짱) 기장
- 禁止吸烟 jìn zhǐ xī yān (찐쯔씨옌) 흡연 금지
- 卫生间 wèi shēng jiān (위이성지엔) 화장실
- 报纸 bào zhǐ (빠오즈) 신문지
- 画报 huà bào (화빠오) 화보
- 杂志 zá zhì (즈아즈으) 잡지
- 样本 yàng běn (양번) 카탈로그
- 护照 hù zhào (후짜오) 여권

단어 ···

有 yǒu (요우) 있다
首尔 Shǒuěr (셔우얼) (도시이름)서울
航班 háng bān (항빤)
　　　(비행기나 배의)운행표, 취항 순서
下午 xià wǔ (샤우) 오후
亚西亚 Yà xī yà (야시야) 아시아
　　　중국어로 한국의 아시아나항공을 韩亚航空
　　　Hán yà hángkōng (한야항콩)이라고도 한다.
　　　줄여서 韩亚 Hán yà (한야)라고도 한다.

还剩~ hái shèng~ (하이셩~) 아직 ~이 남았다
靠窗的 kào chuāng de (카오촹더) 창가에
靠 kào (카오) 닿다
窗 chuāng (촹) 창문
窗口 chuāng kǒu (촹커우) 창문
没有 méi yǒu (메이요우) 없다

学习 · learning

회화 2

Ⓐ 请问，亚西亚航空在哪里办手续？
Qǐng wèn, Yà xī yà háng kōng zài nǎ lǐ bàn shǒu xù?
칭 원, 야 시 야 항 쿵 짜이 나 리 빤 셔우 쉬?

저기요, 아시아 항공 어디서 체크 인 합니까?

Ⓑ 从十一号到十三号窗口。
Cóng shí yī hào dào shí sān hào chuāng kǒu.
총 쉬 이 하오 따오 쉬 싼 하오 촹 커우.

11번부터 13번까지 창구에서 합니다.

단어 · · ·

航空 háng kōng (항콩) 항공　　　　　　从~到~ cóng ~dào~ (총~따오~) ~부터 ~까지
办手续 bàn shǒu xù (빤셔우쉬) 수속을 밟다

学习 · learning

회화 3

Ⓐ **您喝点儿什么？**
Nín hē diǎnr shén me?
닌 허 디알 션머?

뭘 좀 드릴까요?

Ⓑ **请来点儿咖啡。**
Qǐng lái diǎnr kā fēi.
칭 라이 디알 카 페이。

커피 좀 주세요.

"请来点儿~"는 '~을 좀 주세요'라는 뜻에 해당된다. "来"는 원래 '오다'라는 뜻이지만, 이 문장에서는 '가지고 오다'의 의미를 지니고 있다.
비행기에서만 사용하는 것이 아니라 식당이나 시장 등에서 물건 살 때에도 많이 사용한다.

단어 • • •

喝 hē (허) 마시다
点儿 diǎnr (디알) 약간의

咖啡 kā fēi (카페이) 커피

24 ● **길 안내 – 주소 찾기**
25 ● **길 안내 – 길 찾기**

24 길 안내-주소 찾기

꼭 알아두기 — 회화 전 알아두기

您住在哪里？
Nín zhù zài nǎ lǐ?
닌 쭈 짜이 나 리?

당신은 어디에서 사세요?

"住在~"는 '~에서 살고 있다, ~에서 머물다'라는 뜻을 지니고 있다. 이 표현 중에 "在"는 동사 뒤에 쓰여 그 동사가 일어날 장소를 뜻하는 조사로 '~에' 정도로 해석하면 된다.

我去过首尔，
Wǒ qù guo Shǒu ěr,
워 취 꿔 셔우 얼,

서울에 가 봤는데,

여기서 "过"는 동사 뒤에 놓여 과거의 경험을 나타내거나, '오다, 가다'라는 뜻을 지닌 동사와 함께 사용하여 행위 과정의 방향을 나타낸다. 그래서 여기의 "去过~"는 '~에 가 본 적이 있다'로 해석한다.

那儿很不错。
Nàr hěn bú cuò.
날 헌 부 추어.

좋더라.

"不错"의 원래의 뜻은 '맞다, 틀리지 않다'라는 뜻이지만 말할 때에는 '좋다'라는 뜻으로 쓰이기도 한다.

단어 •••

住在~ zhù zài~ (쭈짜이~) ~에서 살다, ~에서 머물다
~过 ~guò (~꿔) ~한 적이 있다
首尔 Shǒuěr (셔우얼) 서울
那儿 nàr (날) 그곳
不错 bú cuò (부추어) 좋다

学习 · learning

 **회화 1**

Ⓐ **您住在哪里？**
Nín zhù zài nǎ lǐ?
닌 쭈 짜이 나 리?

당신은 어디에 사세요?

Ⓑ **首尔市江南区道谷洞。**
Shǒu ěr shì Jiāng nán qū Dào gǔ dòng.
셔우 얼 쉬 찌앙 난 취 따오 구 똥.

서울시 강남구 도곡동에요.

Ⓐ **哦，我去过首尔，**
ŏ, wǒ qù guo Shǒu ěr,
오, 워 취 꿔 셔우 얼,

오, 서울에 가 봤는데,

那儿很不错。
nàr hěn bú cuò.
날 헌 부 추어.

좋더라.

Ⓑ **是呀。**
Shì ya.
쉬 야.

네, 그렇습니다.

단어 • • •

哪里 nǎ lǐ (나리) 어디
市 shì (쉬) 도시, 시
江南区 Jiāng nán qū (찌앙난취) (지명)강남구
道谷洞 Dào gǔ dòng (따오구똥) (지명)도곡동
是呀 shì ya (쉬야) (상대의 말에 동의함)그렇다

学习 · learning

꼭 알아두기 — 회화 전 알아두기

知道他住在什么地方吗?
Zhī dao tā zhù zài shén me dì fang ma?
쥐 따오 타 쭈 짜이 션머 띠 팡 마?

그가 어디에 사시는지 아세요?

"什么地方"은 "那里"와 같은 뜻으로 모두 '어디'라는 뜻을 갖고 있지만 "什么地方"은 주로 출신지 또는 주소나 공간의 일부에 대한 표현에 사용한다.

等我想起来马上告诉你。
Děng wǒ xiǎng qǐ lái mǎ shàng gào sù nǐ.
덩 워 씨앙 치 라이 마 샹 까오 쑤 니.

생각날 때 바로 알려드릴게요.

"等"의 원래의 뜻은 '기다리다'인데 여기서는 '~때가 될 때'라는 의미에 해당된다.

단어 · · ·

知道 zhī dao (쥐따오) 알다
什么地方 shén me dì fāng (션머띠팡) 어디
等~ děng~ (덩워) ~때가 되어서

想起来 xiǎng qǐ lái (씨앙치라이) 생각나다
马上 mǎ shàng (마샹) 당장
告诉 gào sù (까오쑤) 알려주다

学习 · learning

회화 2

Ⓐ 您知道金老师住在什么地方吗?
Nín zhī dao Jīn lǎo shī zhù zài shén me dì fang ma?
닌 쥐 따오 찐 라오 쉬 쭈 짜이 션머 띠 팡 마?

김 선생님이 어디에 사시는지 아세요?

Ⓑ 知道, 可是我忘了。 네, 그런데 생각이 안 나네요.
Zhī dao, kě shì wǒ wàng le。
쥐 따오, 커 쉬 워 왕 러。

等我想起来马上告诉你。
Děng wǒ xiǎng qǐ lái mǎ shàng gào sù nǐ。
덩 워 씨앙 치 라이 마 샹 까오 쑤 니。

생각날 때 바로 알려드릴게요.

단어 • • •

可是 kě shì (커쉬) 그러나, 그런데　　　忘了 wàng le (왕러) 잊었다

25. 길 안내-길 찾기

회화 1

Ⓐ 请问。
Qǐng wèn。
칭 원。

말씀 좀 묻겠습니다.

去百货商店怎么走？
Qù bǎi huò shāng diàn zěn me zǒu?
취 바이 훠 샹 띠엔 쩐머 쩌우?

백화점에 가려면 어떻게 가야 하죠?

Ⓑ 一直往前走，
Yì zhí wǎng qián zǒu,
이 쥐 왕 치엔 쩌우,

쭉 가다가,

右边就是。
yòu biān jiù shì。
요우 비엔 찌우 쉬。

오른쪽에 바로 백화점이에요.

Ⓐ 谢谢您。
Xiè xie nín。
씨에 셰 닌。

감사합니다.

단어 •••

怎么 zěn me (쩐머) 어떻게
走 zǒu (쩌우) 걷다, 가다
一直 yì zhí (이쥐) 곧바로

往~ wǎng~ (왕) ~쪽을 향하다
右边 yòu biān (요우비엔) 오른쪽
就 jiù (찌우) 바로

学习 · learning

 **회화 2**

Ⓐ 请问。   말씀 좀 묻겠습니다.
  Qǐng wèn。
  칭 원。

  您知道哪儿有肯德基吗?
  Nín zhī dao nǎr yǒu Kěn dé jī ma?
  닌 쥐 따오 나얼 요우 컨 더 찌 마。

  KFC가 어디에 있는지 아세요?

Ⓑ 我也不知道。   저도 잘 모릅니다.
  Wǒ yě bù zhī dao。
  워 예 뿌 쥐 따오。

단어

肯德基 Kěn dé jī (컨더찌) KFC   ~也 ~yě (~예) ~도

学习 • learning

회화 3

A 请问，附近有书店吗? 저기, 이 근처에 서점 있나요?
Qǐng wèn, fù jìn yǒu shū diàn ma?
칭 원, 푸 찐 요우 슈 띠엔 마?

B 请跟我来。 저를 따라오세요.
Qǐng gēn wǒ lái。
칭 껀 워 라이。

看见那边那座楼了吧? 저기 저 건물 보이시죠?
Kàn jiàn nà biān nà zuò lóu le ba?
칸 찌엔 나 비엔 나 쭤 러우 러 바?

A 看见了。 네.
Kàn jiàn le。
칸 찌엔 러。

B 那座楼的二楼有书店。 저 건물 2층에 있어요.
Nà zuò lóu de èr lóu yǒu shū diàn。
나 쭤 러우 더 얼 러우 요우 슈 띠엔。

A 谢谢您。 감사합니다.
Xiè xie nín。
씨에 셰 닌。

补课 · supplementary lessons

표현 익히기 - 방향   더 알아두기

- 东西南北 dōng xī nán běi (똥씨난뻬이) 동서남북
- 前后左右 qián hòu zuǒ yòu (치엔허우쭈어요우) 전후좌우
- 上下 shàng xià (샹샤) 상하
- 中 zhōng (쭝) 중간
- 里外 lǐ wài (리와이) 내외
- 楼上 lóu shàng (러우샹) 위층
- 楼下 lóuxià (러우샤) 아래층
- 上楼 shàng lóu (샹러우) 위층으로 올라가다
- 下楼 xià lóu (샤러우) 아래층으로 내려가다

단어 · · ·

附近 fù jìn (푸찐) 부근, 근처
书店 shū diàn (슈띠엔) 서점
跟~来 gēn ~lái (껀~라이)
　　~을 따라오다, ~와 함께 오다
看见~了吧? kàn jiàn ~le ba? (칸찌엔~러바)
　　~을 보았죠?

看见 kàn jiàn (칸찌엔) 보이다, 만나다
那边 nà biān (나비엔) 저 쪽
那座楼 nà zuò lóu (나쭤러우) 그 건물
座 zuò (쭤) (건물을 셀 때) 채
楼 lóu (러우) 다층 건물, 층

学习 • learning

꼭 알아두기　회화 전 알아두기

警察先生，我迷路了。　경찰아저씨, 저 길을 잃었어요.
Jǐng chá xiān sheng, wǒ mí lù le。
징 차 씨엔 셩, 워 미 루 러。

"先生"은 원래 남자를 부를 때 성씨 뒤에 붙여 '~선생'이라고 해설하지만 일상생활에서 "警察先生"의 뜻은 '경찰 선생'이기보다 '경찰아저씨'라고 해석이 되어야 더욱 친근감 있게 부르는 표현입니다.

请帮个忙。　좀 도와주세요.
Qǐng bāng ge máng。
칭 빵 거 망。

"帮忙"은 원래 '도움을 주다'라는 뜻이지만 중간에 "个"를 붙여 '좀 도와주세요'라는 뜻을 지닌 "帮个忙"이 된다. 이 표현은 도움을 청할 때 자주 사용한다.

您想去哪儿?　어디에 가려고 합니까?
Nín xiǎng qù nǎr?
닌 씨앙 취 날?

"想"은 원래 '생각하다'라는 뜻을 지니지만 뒤에 동사를 붙이면 '~하고 싶다, ~하고자 하다'라는 뜻을 지니게 된다. 그래서 "您想去哪儿?"은 '어디에 가고 싶습니까? 어디에 가려고 합니까?'라는 뜻으로 해석된다.

学习 • learning

 **회화 4**

Ⓐ 警察先生，我迷路了。 경찰아저씨, 저 길을 잃었어요.
Jǐng chá xiān sheng, wǒ mí lù le。
징 차 씨엔 셩, 워 미 루 러。

请帮个忙。 좀 도와주세요.
Qǐng bāng ge máng。
칭 빵 거 망。

Ⓑ 您想去哪儿？ 어디에 가려고 합니까?
Nín xiǎng qù nǎr?
닌 씨앙 취 날?

Ⓐ 北京饭店。 북경호텔이요.
Běi Jīng Fàn Diàn。
베이징 판 띠엔。

Ⓑ 走出路口。 길목 밖으로 나가세요.
Zǒu chū lù kǒu。
쩌우 추 루 커우。

过了大道，坐 01 路公共汽车可以到。
Guò le dà dào, zuò líng yāo lù gōng gòng qì chē kě yǐ dào。
꾸어 러 따 따오, 쭈어 링 야오 루 꿍 꿍 치 처 커 이 따오。

큰길 건너서, 01번 버스를 타면 갈 수 있습니다.

Ⓐ 谢谢您。 감사합니다.
Xiè xie nín。
씨에 셰 닌。

补课 • supplementary lessons

더 알아두기 용법 익히기

"过了大道~" '큰길을 건너서 ~하다'와 같은 문구는 생활 속에 흔히 사용하는 표현이다.(동사1 + 了 + 목적어 + 동사2)라는 형식으로 동작을 일으키는 동사1과 그의 목적어 사이에 了가 있으면 '(동사1)하고 나서 (동사2)를 하다'라는 의미를 지닌다.

〈예〉
- 吃了饭走 chī le fàn zǒu (취러판쩌우) 밥을 먹고(나서) 간다
- 吃了饭看 chī le fàn kàn (취러판칸) 밥을 먹고 보다

단어 • • •

警察 jǐng chá (징차) 경찰
先生 xiān sheng (씨엔셩)
　　(남자에 대한 호칭)선생, 아저씨
迷路 mí lù (미루) 길을 잃다
帮个忙 bāng ge máng (빵거망) 도움을 주다
想~ xiǎng~ (씨앙~) ~하고 싶다, ~하고자 하다
走出~ zǒu chū~ (쩌우추~) ~에서 벗어나다
路口 lù kǒu (루커우) 길목, 갈림길
大道 dà dào (따따오) 대로
公共汽车 gōng gòng qì chē (꿍꿍치처) 버스

26 ● **쇼핑 – 물건을 살 때**
27 ● **쇼핑 – 계산할 때**
28 ● **쇼핑 – 가격 흥정할 때**
29 ● **쇼핑 – 반품 및 교환**

26

쇼핑-물건을 살 때

꼭 알아두기 — 회화 전 알아두기

这件衣服多少钱? 이 옷 얼마예요?
Zhè jiàn yī fu duō shao qián?
쪄 찌엔 이 푸 뚜어 샤오 치엔?

중국어는 사물을 가리킬 때 '이~', '저~'와 같은 표현을 사용할 때 그 뒤에 나온 물건이 셀 수 있을 경우 그 물건을 세는 해당 수량명사를 꼭 나타내야 한다. 이 표현 중 "这件衣服"는 '이 옷'이라는 뜻인데, 여기서 "这"는 '이것'이라는 뜻을 나타내고 "衣服"는 '옷'이라는 뜻을 나타낸다. 그런데 여기서 "这"와 "衣服" 사이에 있는 "件"이 있는데, 이것은 옷을 세는 수량명사이다. 여기서 수량명사인 "件"은 절대 빠져서는 안 되므로 '이 옷'이라고 말하고 싶을 때는 "这衣服"가 아닌 "这件衣服"로 사용해야 맞는 표현이다.

회화 1

A **这件衣服多少钱?** 이 옷 얼마예요?
Zhè jiàn yī fu duō shao qián?
쪄 찌엔 이 푸 뚜어 샤오 치엔?

B **两件一套三百七十元。** 투피스인데 370원입니다.
Liǎng jiàn yí tào sān bǎi qī shí yuán.
량 찌엔 이 타오 싼 바이 치 쉬 위엔.

단어 • • •

件 jiàn (찌엔) (옷을 셀 때)벌
这件衣服 zhè jiàn yī fu (쩌찌엔이푸) 이 옷

两~ liǎng~ (량)
두~(수량이나 시간을 표시할 때는 二을 사용하지 않는다)
一套 yí tào (이 타오) 한 세트, (투피스)한 벌

学习 · learning

회화 전 알아두기  꼭 알아두기

这双鞋有点儿小，
Zhè shuāng xié yǒu diǎnr xiǎo,
쪄 쐉 씨예 요우 띠얄 샤오,

이 구두 좀 작은데,

"有点儿~"는 '약간 ~하다'라는 의미로 사용한다. 이 때 "~"에는 "有点儿"이 수식하는 형용사나 동사가 들어간다. 이러한 경우에 "有点儿"이 수식하는 형용사나 동사는 꼭 "有点儿" 뒤에 들어가야 한다.

有大一点儿的吗?
yǒu dà yì diǎnr de ma?
요우 따 이 띠얄 더 마?

좀더 큰 사이즈 있나요?

"~一点儿"은 '약간 ~하다'라는 의미를 가지고 있는데, 여기서 "~"에는 "一点儿"이 수식하는 형용사나 동사가 들어간다. 이 때 형용사나 동사는 꼭 "一点儿" 앞에 들어가야 한다. 의미가 "有点儿~"과 같고 "~"에 들어갈 형용사나 동사를 "~一点儿"과 똑같이 넣어도 되지만 "有点儿~"의 뒤에, "~一点儿"의 앞에 넣는 것의 차이가 있다. 여기서의 형용사나 동사의 위치가 헷갈리지 않도록 주의해야 한다.

您穿这双试试?
Nín chuān zhè shuāng shì shi?
닌 촨 쪄 쐉 쉬 쉬?

이것 좀 신어보시겠어요?

"试试"의 원래 형식은 "试一试"이다. "试试"은 "试一试"의 "一"가 생략된 것이어서 뜻은 둘 다 '시험 삼아 해보다'로 같지만 앞에 나온 내용에 따라 '해보다'라는 표현이 달라진다. 예를 들어, 여기서는 앞에 "这双" '이 신발'이라는 단어가 나와서 '해보다'라는 뜻이 '신어 보다'로 바뀐 것이다. 여기서 "这双"은 "这双鞋"를 줄여서 나타낸 것이다.

学习 · learning

 **회화 2**

Ⓐ 这双鞋有点儿小，　　이 구두 좀 작은데,
Zhè shuāng xié yǒu diǎnr xiǎo,
쪄 쐉 씨예 요우 띠얄 샤오,

有大一点儿的吗?　　좀더 큰 사이즈 없나요?
yǒu dà yì diǎnr de ma?
요우 따 이 띠얄 더 마?

Ⓑ 您穿这双试试?　　이것 좀 신어보시겠어요?
Nín chuān zhè shuāng shì shi?
닌 촨 쪄 쐉 쉬 쉬?

Ⓐ 正合适，就要这双吧。　　딱 맞네요, 이걸로 주세요.
Zhèng hé shì, jiù yào zhè shuāng ba.
쩡 허 쉬, 찌우 야오 쪄 쐉 바.

단어 · · ·

这双~ zhè shuāng~ (쪄쐉~)
　　이 한 켤레~(신발 또는 양말)
鞋 xié (씨예) 신발
有点儿~ yǒu diǎnr~ (요우띠얄~) 약간 ~하다
小 xiǎo (샤오) 작다
大 dà (따) 크다
~一点儿 ~yì diǎnr (~이띠얄) 약간 ~하다

~的 ~de (~더) ~한 것
穿 chuān (촨) 입다, 신다
试试 shì shi (쉬쉬) 시험삼아 해보다
正~ zhèng~ (쩡~) 딱 ~하다
合适 hé shì (허쉬) 적당하다, 알맞다
就~吧 jiù ~ba (찌우~바)
　　바로 ~주세요, 바로 ~하자

27 쇼핑-계산할 때

회화 1

Ⓐ 请问，在哪儿交款？ 계산은 어디서 하나요?
Qǐng wèn, zài nǎr jiāo kuǎn?
칭 원, 짜이 날 쟈오 콴?

Ⓑ 在那边。请跟我来。 저 쪽이요. 저를 따라오세요.
Zài nà biān。 Qǐng gēn wǒ lái。
짜이 나 삐엔。 칭 껀 워 라이。

표현 익히기 - 카드

더 알아두기

- 卡 kǎ (카) 카드
- 信用卡 xìn yòng kǎ (씬용카) 신용카드
- 电话卡 diàn huà qiǎ (띠엔화카) 전화카드
- 交通卡 jiāo tōng qiǎ (쟈오통카) 교통카드

단어 • • •

交款 jiāo kuǎn (쟈오콴) 돈을 지불하다
那边 nà biān (나삐엔) 저쪽
一共 yí gòng (이꽁) 전부 합해서
千 qiān (치엔) 천
刷卡 shuā kǎ (쏴카) 카드를 긁다
密码 mì mǎ (미마) 비밀번호
后 hòu (허우) 뒤
两位数 liǎng wèi shù (량웨이슈) 두 자리 수
签字 qiān zì (치엔쯔) 서명하다
收据 shōu jù (셔우쮜) 영수증

学习 · learning

 **회화 2**

Ⓐ 一共一千三百元。　　　　　총 1300원입니다.
　　Yí gòng yī qiān sān bǎi yuán.
　　이 꽁 이 치옌 싼 빠이 위엔.

Ⓑ 刷卡。　　　　　　　　　　카드로 계산할게요.
　　Shuā kǎ.
　　쇠 카.

Ⓐ 请告诉我密码后两位数。
　　Qǐng gào sù wǒ mì mǎ hòu liǎng wèi shù.
　　칭 까오 쑤 워 미 마 허우 량 웨이 슈.

　　비밀번호 뒤의 두 자리 말씀해 주세요.

Ⓑ 五七。　　　　　　　　　　57입니다.
　　Wǔ qī.
　　우 치.

Ⓐ 请签字。　　　　　　　　　사인 부탁드리겠습니다.
　　Qǐng qiān zì.
　　칭 치옌 쯔.

Ⓑ 收据呢?　　　　　　　　　영수증은요?
　　Shōu jù ne?
　　셔우 쮜 너?

Ⓐ 给您。　　　　　　　　　　여기요.
　　Gěi nín.
　　게이 닌.

28 쇼핑-가격 흥정할 때

 **회화 1**

Ⓐ 一百五十块，太贵了。
Yì bǎi wǔ shí kuài, tài guì le。
이 바이 우 쉬 콰이, 타이 꾸이 러。

150원, 너무 비싸요.

便宜点儿吧。
Pián yi diǎnr ba。
피엔 이 띠얄 바。

싸게 해주세요.

Ⓑ 不行，这是真货。
Bù xíng, zhè shì zhēn huò。
뿌 씽, 쪄 쉬 쩐 훠。

안 됩니다, 이것 진품입니다.

Ⓐ 不像真货。走吧。
Bú xiàng zhēn huò。 Zǒu ba。
부 씨앙 쩐 훠。 쩌우 빠。

진품 같지 않는데요. 가자.

Ⓑ 等一下，真想要的话，
Děng yí xià, zhēn xiǎng yào de huà,
덩 이 샤, 쩐 씨앙 야오 더 화,

잠깐만요, 정말 원한다면,

一百二十给您。
yì bǎi èr shí gěi nín。
이 바이 얼 쉬 게이 닌。

120원으로 해드릴게요.

学习 • learning

꼭 알아두기 — 회화 전 알아두기

给您打八折吧。   그러면 20% 깎아드릴게요.
Gěi nín dǎ bā zhé ba。
게이 닌 따 빠 저 바。

"打折"는 '(가격을)할인하다, 깎다'라는 뜻을 가지고 있는데 "打"와 "折" 사이에 숫자 "八(8)"을 넣은 "打八折"은 '20% 할인하다'라는 뜻을 지닌다. "打"와 "折" 사이에는 1부터 10까지의 숫자를 넣을 수 있는데, 만약 7을 넣는다면 열 개 중 나머지 세 개의 수를 깎는다는 의미로 3/10인 30% 할인이 되는 것이다. 그래서 "打"와 "折" 사이에 8을 넣은 "打八折"는 나머지 두 개의 수를 깎는다는 의미로 2/10인 20% 할인이 되는 것이다.

단어 • • •

太~了 tài ~le (타이~러) 너무 ~하다(불만이 있을 때)
贵 guì (꾸이) 비싸다
便宜 pián yi (피엔이) 싸다
不行 bù xíng (뿌씽) 안 되다
不像~ bú xiàng~ (부씨앙) ~인 것 같지 않다

真货 zhēn huò (쩐훠) 진품
走吧 zǒu ba (쩌우빠) 가자, 떠나자
等一下 děng yí xià (덩이샤) 잠시 기다리다
真想要 zhēn xiǎng yào (쩐씨앙야오) 정말 원하다
~的话 ~de huà (~더화) ~한다면
打折 dǎ zhé (따저) 할인하다, 디스카운트하다
打八折 dǎ bā zhé (따빠저) 20% 할인

学习 · learning

회화 2

ⓐ **多买的话，可以打折吗?** 많이 사면 깎아 줍니까?
Duō mǎi de huà, kě yǐ dǎ zhé ma?
뚜어 마이 더 화, 커 이 따 저 마?

ⓑ **您想买多少?** 얼마나 사시겠습니까?
Nín xiǎng mǎi duō shǎo?
닌 씨앙 마이 뚜어 샤오?

ⓐ **十二个。** 12개요.
Shí èr ge.
쉬 얼 거.

ⓑ **那给您打八折吧。** 그러면 20% 깎아드릴게요.
Nà gěi nín dǎ bā zhé ba.
나 께이 닌 따 빠 저 바.

ⓐ **七折不行吗?** 30% 안 됩니까?
Qī zhé bù xíng ma?
치 저 뿌 씽 마?

ⓑ **不行。** 안 됩니다.
Bù xíng.
뿌 씽.

단어 · · ·

多 duō (뚜어) 많다, 많이　　~的话 ~de huà (~더화) ~한다면
买 mǎi (마이) 사다　　多少 duō shǎo (뚜어샤오) (양이)얼마

29 쇼핑-반품 및 교환

 **회화 1**

Ⓐ 这个陶瓷瓶有裂痕，请换一个。
Zhè ge táo cí píng yǒu liè hén, qǐng huàn yí ge.
쪄 거 타오 쯔 핑 요우 리예 헌, 칭 환 이 거.

이 도자기에 흠집이 있어서, 다른 걸로 바꿔주세요.

Ⓑ 对不起，同样款式的没货了。
Duì bu qǐ, tóng yàng kuǎn shì de méi huò le.
뛔이 부 치, 통 양 콴 쉬 더 메이 훠 러.

죄송한데, 같은 품종의 물건이 없어요.

请明天再来好吗?　　　　내일 오시겠어요?
Qǐng míng tiān zài lái hǎo ma?
칭 밍 티엔 짜이 라이 하오 마?

Ⓐ 明天我回韩国。　　　　내일은 저 한국으로 돌아갑니다.
Míng tiān wǒ huí hán guó.
밍 티엔 워 훼이 한구어.

请给退货吧。　　　　반품해 주세요.
qǐng gěi tuì huò ba.
칭 께이 퉤이 훠 바.

Ⓑ 好吧，给您退了吧。　　네, 반품해드리겠습니다.
Hǎo ba, gěi nín tuì le ba.
하오 바, 게이 닌 퉤이 러 바.

136

补课 · supplementary lessons

표현 익히기 - 색깔   더 알아두기

- 颜色 yán sè (옌쓰어) 색깔
- 红色 hóng sè (홍쓰어) 빨간색
- 黄色 huáng sè (황쓰어) 노란색
- 蓝色 lán sè (란쓰어) 남색
- 白色 bái sè (바이쓰어) 흰색
- 黑色 hēi sè (헤이쓰어) 검정색
- 绿色 lǜ sè (뤼쓰어) 녹색
- 豆绿色 dòu lǜ sè (떠우뤼쓰어) 연두색
- 橘黄色 jú huáng sè (쥐황쓰어) 주황색
- 紫色 zǐ sè (쯔쓰어) 보라색
- 灰色 huī sè (훼이쓰어) 회색
- 天蓝色 tiān lán sè (티엔란쓰어) 하늘색

영수증 받기

중국에서도 한국과 마찬가지로 물건을 반납하거나 교환할 때 반드시 영수증을 지참해야 한다. 어떤 물건이든지 살 때 꼭 영수증을 받아야 별 탈이 없다.

단어 · · ·

陶瓷 táo cí (타오쯔) 도자기
瓶 píng (핑) 병
裂痕 liè hén (리예헌) (물건이)갈라진 금, 홈집
换 huàn (환) 바꾸다
同样~的 tóng yàng~de (통양~더) 같은~
款式 kuǎn shì (콴쉬) 스타일, 디자인

没~了 méi ~le (메이~러)
~가 없다, ~가 떨어졌다
货 huò (훠) 화물, 제품
回~ huí~ (훼이~) ~로 돌아가다
退 tuì (퉤이~) (샀던 물건)무르다, 반환하다
国 guó (구어) 나라

学习 • learning

 회화 2

Ⓐ 对不起,　　　　　저기 죄송한데,
　　Duì bu qǐ,
　　뛔이 부 치,

　　能换一件粉红色的吗?　분홍색으로 바꿀 수 있나요?
　　néng huàn yī jiàn fěn hóng sè de ma?
　　넝 환 이 찌엔 펀 훙 쓰어 더 마?

Ⓑ 可以, 现在就给您换。　네, 바로 교환해드리겠습니다.
　　Kě yǐ, xiàn zài jiù gěi nín huàn。
　　커 이, 시엔 짜이 찌우 께이 닌 환。

"粉红色的"는 '분홍색으로 된 것'이라는 뜻에 해당된다. 이러한 경우를 중심어가 없는 '的자 구조'라고 말하며 '的자 구조'는 앞에서 언급한 사람 또는 사물을 생략하거나 사람 또는 사물을 나타낼 때 쓰인다.

〈예〉 • 我的 wǒ de (워더) 내 것
　　　• 大的 dà de (따더) 큰 것

단어 •••

能~吗? néng~ma? (넝~마) ~할 수 있습니까?　　一件 yī jiàn (이찌엔) 한 벌
粉红色 fěn hóng sè (펀훙쓰어) 분홍색　　　　　就 jiù (찌우) 바로, 곧

30 ● **식당 – 음식 주문하기**
31 ● **식당 – 식사할 때**
32 ● **식당 – 계산할 때**

30 식당-음식 주문하기

꼭 알아두기 | 회화 전 알아두기

您需要什么?
Nín xū yào shén me?
닌 쉬 야오 션머?

무엇이 필요하십니까?

"您需要什么?"는 '무엇을 주문하시겠습니까?'라는 질문으로 음식점에서나 쇼핑할 때 흔히 들을 수 있다. 대답할 때는 "我要~"라고 해도 되지만 때로는 "我要"를 생략하고 필요한 음식이나 물건만 말하기도 한다.

找您五块。
Zhǎo nín wǔ kuài。
짜오 닌 우 콰이。

5원 거슬러드립니다.

"找钱"은 '돈을 거슬러주다'라는 뜻이지만 정확하게 얼마를 거슬러 줄 때에는 "找"와 "钱" 사이에 가격이 들어간다. 하지만 여기서는 상대에게 거슬러줄 때 즉, "找您"이 들어가므로 "找您五块钱"에서 "钱"이 생략된 "找您五块"로 말한다.

단어 • • •

需要 xū yào (쉬야오) 필요하다
~块钱 ~kuài qián (콰이치엔) ~원의 돈
块 kuài (콰이) (중국 화폐 단위)원
钱 qián (치엔) 돈
找~ zhǎo~ (짜오~) ~을 거슬러주다, 찾다
起司 qǐ sī (치쓰) 치즈
汉堡包 hàn bāo bāo (한바오빠오) 햄버거
套餐 tào cān (타오찬) 세트 메뉴

和~ hé~ (허) ~와, 과
青菜 qīng cài (칭차이) 야채
沙拉 shā lā (샤라) 샐러드
还要~ hái yào~ (하이야오~) 또 ~필요하다
别的 bié de (비예더) 다른 것
不要了 bú yào le (부야오러)
　　　 더 이상 필요하지 않다

学习 · learning

 **회화 1**

ⓐ 请问，您需要什么？ 무엇을 주문하시겠습니까?
Qǐng wèn, nín xū yào shén me?
칭 원, 닌 쉬 야오 션머?

ⓑ 一个起司汉堡包套餐和一个青菜沙拉。
Yí ge qǐ sī hàn bāo bāo tào cān hé yí ge qīng cài shā lā。
이 거 치 쓰 한 바오 빠오 타오 찬 허 이 거 칭 차이 샤 라。

치즈버거세트 하나와 야채 샐러드 주세요.

ⓐ 还要别的吗？ 다른 것 더 필요합니까?
Hái yào bié de ma?
하이 야오 비예 더 마?

ⓑ 不要了。 아니오.
Bú yào le。
부 야오 러。

ⓐ 一共八十五块钱。 네, 총 85원입니다.
Yí gòng bā shí wǔ kuài qián。
이 꽁 빠 쉬 우 콰이 치옌。

ⓑ 给您九十。 여기 90원요.
Gěi nín jiǔ shí。
게이 닌 찌우 쉬。

ⓐ 找您五块。 5원 거슬러드립니다.
Zhǎo nín wǔ kuài。
짜오 닌 우 콰이。

学习 • learning

꼭 알아두기 — 회화 꼭 알아두기

给您来点儿什么?
Gěi nín lái diǎnr shén me?
게이 닌 라이 띠얄 션머?

당신에게 무엇을 드릴까요?

이 표현 중에 "给~来~"는 '~에게 ~을 갖고 오다'라는 뜻으로 '당신에게 무엇을 드릴까요?'라고 해석하지만 주로 음식점에서 사용하는 표현이며, '무엇을 드시겠습니까?'라는 의미로 쓰여 때로는 "给"이 생략될 때도 있다.

这里的拿手菜是什么?
Zhè lǐ de ná shǒu cài shì shén me?
쩌 리 더 나 셔우 차이 쉬 션머?

여긴 가장 맛있는 음식이 뭐예요?

"拿手"는 '(어떤 기술에 아주)뛰어나다, 훌륭하다, 자신있다'라는 뜻을 지니고 있다. 여기서는 "拿手" 뒤에 음식인 "菜"가 있어서 "拿手"가 "菜"를 수식하기 때문에 "拿手菜"는 '뛰어난 음식'으로 해석이 되며, 한국어로는 '가장 맛있는 음식'으로 해석해도 무난하다.

단어 • • •

来点儿~ lái diǎnr (라이띠얄~)
　　~을 좀 가지고 오다
这里 zhè lǐ (쩌리) 이곳, 여기
拿手 ná shǒu (나셔우)
　　(어떤 기술에 아주)뛰어나다
菜 cài (차이) 요리, 음식, 반찬
店 diàn (띠엔) 상점, 가게
鱼 yú (위) 생선, 물고기
鱼类菜 yú lèi cài (위레이차이) 생선류 요리

最 zuì (쭈이) 가장, 제일
受欢迎 shòu huān yíng (셔우환잉)
　　환영을 받다, 인기가 있다
来个~ lái ge~ (라이거~)
　　(음식 주문할 때) ~주세요
三鲜汤 sān xiān tāng (싼씨엔탕) 삼선탕
碗 wǎn (완) 그릇
米饭 mǐ fàn (미판) 쌀밥

学习 · learning

 **회화 2**

Ⓐ **给您来点儿什么?** 뭘 드시겠습니까?
Gěi nín lái diǎnr shén me?
게이 닌 라이 띠알 션머?

Ⓑ **这里的拿手菜是什么?** 여긴 가장 맛있는 음식이 뭐예요?
Zhè lǐ de ná shǒu cài shì shén me?
쪄 리 더 나 셔우 차이 쉬 션머?

Ⓐ **我们店的鱼菜最受欢迎。**
Wǒ men diàn de yú cài zuì shòu huān yíng。
워 먼 띠옌 더 위 차이 쭈이 셔우 환 잉。

우리 식당은 생선요리가 인기 많습니다.

Ⓑ **那就来个鱼菜,** 그럼 그거 하나 주시고,
Nà jiù lái ge yú cài,
나 찌우 라이 거 위 차이,

一个三鲜汤和两碗米饭。 삼선 국 하나랑 밥 두 그릇요.
yí ge sān xiān tāng hé liǎng wǎn mǐ fàn。
이 거 싼 씨엔 탕 허 량 완 미 판。

30 식당 - 음식 주문하기 | 143

31 식당-식사할 때

꼭 알아두기 — 회화 전 알아두기

今天我请客。
Jīn tiān wǒ qǐng kè。
찐 티엔 워 칭 크어。

오늘은 내가 살게.

여기서의 "请客"는 '손님을 초대하다, 손님으로 초대하다'라는 뜻을 가지고 있지만, 여기서는 "请客" 앞에 "我"를 넣어 자신이 돈을 내겠다는 뜻인 "我请客"가 되고 "请客" 앞에 "你"를 넣어 상대방에게 돈을 내라는 뜻으로 "你请客"라고 말할 수도 있다.

 ## 회화 1

Ⓐ 我饿了, 快吃吧。
Wǒ è le, kuài chī ba。
워 으어 러, 콰이 츠 바。

배고프다, 빨리 먹자.

Ⓑ 多吃吧。今天我请客。
Duō chī ba。 Jīn tiān wǒ qǐng kè。
뚜어 츠 바。 찐 티엔 워 칭 크어。

많이 먹어. 오늘은 내가 살게.

Ⓐ 真的? 那得多吃了。
Zhēn de? Nà děi duō chī le。
쩐 더? 나 데이 뚜어 츠 러。

정말? 그럼 많이 먹어야지.

学习 · learning

회화 전 알아두기　　　　　　　　　꼭 알아두기

再来点儿可乐。　　　콜라 좀 더 주세요.
Zài lái diǎnr kě lè.
짜이 라이 띠알 커 러.

"再来"는 원래 '다시 오다, 또 오다'라는 뜻이 있지만 "再来" 뒤에 수량사나 명사가 나타날 경우 '또 ~가 필요하다' '~을 더 주세요'라는 의미를 지닌다.

회화 2

Ⓐ 小姐，请再来点儿可乐。 아가씨, 콜라 좀 더 주세요.
　Xiǎo jiě, qǐng zài lái diǎnr kě lè.
　샤오 지에, 칭 짜이 라이 띠알 커 러.

Ⓑ 好的，请稍等。 네, 잠시만요.
　Hǎo de, qǐng shāo děng.
　하오 더, 칭 샤오 떵.

단어 • • •

饿 è (으어) 배고프다
快~吧 kuài ~ba (콰이~바) 빨리 ~하자
吃 chī (츠) 먹다
快 kuài (콰이) 빨리, 빠르다
多~吧 duō ~ba (뚜어~바) 많이 ~해라

得~了 děi ~le (데이~러) ~해야겠다
可乐 kě lè (커러) 콜라
小姐 xiǎo jiě (샤오지에) 아가씨, 미스
稍等 shāo děng (샤오떵) 잠깐 기다리다
等 děng (떵) 기다리다

32 식당-계산할 때

꼭 알아두기 | 회화 전 알아두기

小姐, 买单。
Xiǎo jiě, mǎi dān。
샤오 지에, 마이 딴。

아가씨, 계산해요.

"买单"은 명사로 쓰일 경우에 '주문서'라는 뜻이고 여기서는 동사로 쓰여 '계산하다, 지불하다'라는 뜻으로 현대 중국인들이 흔히 사용하는 표현이며 음식점에서만 사용한다.

吃好了。
Chī hǎo le。
취 하오 러。

잘 먹었습니다.

"好"는 동사 뒤에 쓰여 완성되었거나 잘 마무리되었음을 나타내므로 여기서는 동사 "吃" 뒤에 "好"를 붙여 '다 먹었다, 잘 먹었다'라는 의미를 지닌다.

더 알아두기 | 용법 익히기

"好吃"는 '맛이 좋다, 맛있다'라는 뜻이다. 이 때 "好"는 일부 동사 앞에 쓰여 맛·냄새·소리·모양·감각 등이 만족할 만큼 좋음을 나타난다.

〈예〉
- 好看 hǎo kàn (하오칸) 보기 좋다
- 好玩儿 hǎo wánr (하오왈) (놀기)재미있다
- 好听 hǎo tīng (하오팅) 듣기 좋다
- 好闻 hǎo wén (하오원) 냄새 좋다

学习 · learning

 **회화 1**

Ⓐ 小姐，买单。多少钱？ 아가씨, 계산해요. 얼마인가요?
Xiǎo jiě, mǎi dān。 Duō shao qián?
샤오 지에, 마이 딴。 뚜어 샤오 치엔?

Ⓑ 一百五十元。 150원입니다.
Yì bǎi wǔ shí yuán。
이 바이 우 쉬 위엔。

Ⓐ 吃好了。 잘 먹었습니다.
Chī hǎo le。
취 하오 러。

Ⓑ 欢迎再来。 또 오세요.
Huān yíng zài lái。
환 잉 짜이 라이。

단어 ...

买单 mǎi dān (마이딴) (음식점에서)계산하다, 지불하다
吃好 chī hǎo (취하오) 잘 먹다
欢迎 huān yíng (환잉) 환영하다

学习 · learning

꼭 알아두기 — 회화 전 알아두기

用信用卡结帐可以吗？
Yòng xìn yòng kǎ jié zhàng kě yǐ ma?
용 씬 용 카 지에 쨩 커 이 마?

신용카드로 계산해도 됩니까?

"结帐"은 '계산하다, 결산하다'라는 뜻을 가지고 있으며, 옛부터 사용해 왔기 때문에 아직도 많은 사람들이 사용하고 있다. "结帐"보다는 "买单"이 비교적 현대적인 표현이다.

只有这里许可的才行。
Zhǐ yǒu zhè lǐ xǔ kě de cái xíng.
쯔 요우 쪄 리 쒸 커 더 차이 씽.

여기에 허용된 신용카드만 가능합니다.

"只有~才~"는 고정 형식으로 사용되며, '~있어야만 ~할 수 있다, ~했어야만 ~할 수 있다'라는 뜻을 지닌다. 이러한 문장에는 앞의 '~'에 있는 어떤 조건하에 뒤의 '~'에 있는 내용이 될 수 있다.

学习 · learning

 **회화 2**

Ⓐ 用信用卡结帐可以吗?
Yòng xìn yòng kǎ jié zhàng kě yǐ ma?
용 씬 용 카 지예 짱 커 이 마?

신용카드로 계산해도 됩니까?

Ⓑ 可以, 不过,   네, 하지만,
Kě yǐ, bú guò,
커 이, 부 꾸어,

只有这里许可的才行。
zhǐ yǒu zhè lǐ xǔ kě de cái xíng。
쯔 요우 쪄 리 쒸 커 더 차이 씽。

여기에 허용된 신용카드만 가능합니다.

단어

用 yòng (용) 사용하다
信用卡 xìn yòng kǎ (씬용카) 신용카드
只有~才~ zhǐ yǒu ~cái (쯔요우~차이~)
    ~해야만 ~하다
许可的 xǔ kě de (쒸커더) 허락된 것
行 xíng (씽) 되다
不过 bú guò (부꾸어) 하지만, 그러나

33 ● **취미생활 – 문화**
34 ● **취미생활 – 스포츠**
35 ● **취미생활 – 오락**

33 취미생활-문화

꼭 알아두기 — 회화 전 알아두기

你知道京剧吗?　　　　　경극 알아요?
Nǐ zhī dào Jīng jù ma?
니 쮜 따오 찡 쮜 마?

　　경극은 중국 전통극의 하나이다. 경극은 전통 복장을 입고 노래를 부르는 공연을 말하는데, 북경에서 처음 시작하여 경극이라 한다. 경극은 1990년대 초부터 중국에서 경극 붐이 일면서 노래방 기계에도 경극의 일부 노래를 넣음으로써 경극이 점점 더 인기를 끌고 있다.

　　"剧"는 '극, 연극'이라는 뜻이다. "话剧 huà jù (화쮜)"는 '화극'이며 노래하지 않는 연극이고, "歌剧 gē jù (꺼쮜)"는 노래로 연극하는 '오페라'이다.

단어 •••

京剧 Jīng jù (찡쮜) 경극
还 hái (하이) 또한
称作~ chēng zuò~ (청쭈어~) ~라 부른다
歌剧 gē jù (꺼쮜) 가극, 오페라
音乐 yīn yuè (인위에) 음악
很 hěn (헌) 매우

有意思 yǒu yì sī (요우이쓰) 재미있다
听懂 tīng dǒng (팅동) 듣고 이해하다
内容 nèi róng (네이롱) 내용
马马虎虎 mǎ mǎ hū hū (마마후후)
　　　　　대충하다, 그저 그만하다

学习 · learning

 **회화 1**

Ⓐ 你知道京剧吗? 경극 알아요?
Nǐ zhī dào Jīng jù ma?
니 쥐 따오 찡 쮜 마?

Ⓑ 知道, 还称作北京歌剧。
Zhī dào, hái chēng zuò Běi jīng gē jù.
쥐 따오, 하이 청 쭈어 베이찡 꺼 쮜。

네, 북경 오페라라고도 하던데.

音乐很有意思。 음악이 재미있더라고요.
Yīn yuè hěn yǒu yì sī.
인 위예 헌 요우 이 쓰。

Ⓐ 能听懂内容吗? 내용은 알아들어요?
Néng tīng dǒng nèi róng ma?
넝 팅 동 네이 롱 마?

Ⓑ 马马虎虎。 대충요.
Mǎ mǎ hū hū.
마 마 후 후。

学习 · learning

꼭 알아두기 | 회화 전 알아두기

你喜欢话剧吗?
Nǐ xǐ huan huà jù ma?
니 씨 환 화 쮜 마?

연극 좋아하세요?

"你喜欢 ~吗?"라는 표현은 '~을 좋아합니까?'라는 질문으로 보통 좋아하는 것이나 취미를 물을 때 많이 사용한다.

我想看中国的。
Wǒ xiǎng kàn zhōng guó de。
워 씨앙 칸 중구어 더。

중국 연극 보고싶어요.

여기서 "中国的"는 '중국의 것'이라는 뜻이지만 '중국 연극'을 나타낸다. 대화 앞에서 "话剧" '연극'에 관한 것으로 물었기 때문에 다시 언급할 필요가 없어서 굳이 '중국의 연극'이라는 "中国的话剧"가 아닌 "中国的" '중국의 것'이라고만 해도 상관없다.

太好了!
Tài hǎo le!
타이 하오 러!

매우 잘됐다!

"太好了"는 '매우 좋다, 매우 잘 됐다'라는 뜻으로 칭찬이나 감탄하는 의미로 나타낸다.

学习 • learning

회화 2

Ⓐ 你喜欢话剧吗?　　　　　연극 좋아하세요?
　　Nǐ xǐ huan huà jù ma?
　　니 씨 환 화 쮜 마?

Ⓑ 喜欢,我想看中国的。네, 중국 연극 보고싶어요.
　　Xǐ huan, wǒ xiǎng kàn zhōng guó de.
　　씨 환, 워 씨앙 칸 중구어 더.

Ⓐ 那么,周末去看吧。그럼, 주말에 보러 가요.
　　Nà me, zhōu mò qù kàn ba.
　　나 머, 쩌우 모 취 칸 바.

　　现在正演鲁迅的《阿Q正传》呢。
　　Xiàn zài zhèng yǎn Lǔ xùn de 《ā Q zhèng zhuàn》 ne.
　　시엔 짜이 쩡 옌 루 쒼 더 《아 큐 쩡 쭈안》 너.

　　노신 작품《아Q정전》이 공연중이에요.

Ⓑ 太好了!　　　　　잘됐다!
　　Tài hǎo le!
　　타이 하오 러!

단어 • • •

喜欢 xǐ huan (씨환) 좋아하다
话剧 huà jù (화쮜) 연극
周末 zhōu mò (쩌우모) 주말

正~呢 zhèng ~ne (쩡~너) ~하는 중
演 yǎn (옌) 공연하다, 연출하다
鲁迅 Lǔ xùn (루쒼) 노신(중국 문학 작가)

33 취미생활 - 문화 | **155**

学习 • learning

꼭 알아두기   회화 전 알아두기

你在做什么?
Nǐ zài zuò shén me?
니 짜이 쭈어 션머?

뭐하고 있어?

"在做~"는 '在+동사+목적어'라는 형식으로 '~하고 있는 중이다'라는 뜻을 지녀 동작의 진행이나 지속을 나타낸다. 이러한 형식은 의문문일 때에도 똑같이 적용된다.

在听音乐。
Zài tīng yīn yuè。
짜이 팅 인 위에。

음악을 듣고 있다.

이 문장은 원래 "我在听音乐"이었는데, 앞과 같은 '뭐 하고 있니?'라는 질문에 답할 때에는 주어인 "我"를 생략해서 말해도 된다.

我爱听古典音乐。
Wǒ ài tīng gǔ diǎn yīn yuè。
워 아이 팅 구 디엔 인 위에。

나는 클래식을 좋아해.

이 문장 중에 '좋아하다'인 "爱"는 "喜欢"과 같은 뜻이지만, "爱"는 주로 '~하기를 좋아하다'라는 표현에서만 사용한다.

学习 · learning

 **회화 3**

Ⓐ **你在做什么?**
Nǐ zài zuò shén me?
니 짜이 쭈어 션머?

뭐하고 있어?

Ⓑ **听音乐。**
Tīng yīn yuè.
팅 인 위에.

음악 들어.

Ⓐ **最爱听什么音乐?**
Zuì ài tīng shén me yīn yuè?
쭈이 아이 팅 션머 인 위에?

무슨 음악을 제일 좋아해?

Ⓑ **流行歌曲。你呢?**
Liú xíng gē qǔ. Nǐ ne?
리우 씽 꺼 취. 니 너?

인기 가요. 너는?

Ⓐ **我爱听古典音乐。**
Wǒ ài tīng gǔ diǎn yīn yuè.
워 아이 팅 구 디옌 인 위에.

나는 클래식을 좋아해.

단어 • • •

在~ zài~ (짜이) ~하는 중
做 zuò (쭈어) 하다, 만들다
爱~ ài~ (아이~)
　　~을 사랑하다, ~하기를 좋아하다
最 zuì (쭈이) 가장, 제일

听 tīng (팅) 듣다
流行 liú xíng (리우씽) 유행하다
歌曲 gē qǔ (꺼취) 가요, 노래
古典 gǔ diǎn (구디옌) 고전, 클래식

33 취미생활 - 문화 | 157

补课 • supplementary lessons

더 알아두기 | 용법 익히기

(在+동사+목적어)의 "在~"는 구어체인데, 원래는 "正在~" 혹은 "正在 ~呢"의 형식으로 '~하는 중이다, ~하고 있다'라는 뜻이 된다.

〈예〉

- 她正在看书。　　　그녀는 책을 보고 있다.
  Tā zhèng zài kàn shū。
  타 쩡 짜이 칸 슈。

- 我正在吃饭呢。　　나는 밥을 먹고 있다.
  Wǒ zhèng zài chī fàn ne。
  워 쩡 짜이 츠 판 너。

- 正在 ~呢　　　　　~하고 있다
  zhèng zài~ne
  쩡짜이~너

鲁迅 (노신, 1881~1936)

중국 문학 작가이자 사상가이며 교육가이다. 본명은 周树人(주수인)이고, 字는 豫才(예재)이다. 중국 浙江(절강)성 绍兴(소흥) 사람이다. 1921년 12월에 발표한 중편소설 《阿Q正传》이 중국 현대 문학사에 杰作(걸작)이라고 불릴 만큼 영향이 크다.

34 취미생활-스포츠

회화 전 알아두기 — 꼭 알아두기

一起去看比赛吧。 같이 야구 경기 보러 가자.
Yì qǐ qù kàn bǐ sài ba。
이 치 취 칸 비 싸이 바。

"去看~"은 '~보러 가다'라는 뜻이고, 이러한 문장 중에 "去"는 다른 동사 앞에 놓여 '여기에서 떠나 ~하고자 하다'라는 의미로 나타낸다.

표현 익히기 - 스포츠 — 더 알아두기

- 足球 zú qiú (쭈치우) 축구
- 篮球 lán qiú (란치우) 농구
- 棒球 bàng qiú (빵치우) 야구
- 排球 pái qiú (파이치우) 배구
- 网球 wǎng qiú (왕치우) 테니스
- 游泳 yóu yǒng (요우용) 수영
- 体操 tǐ cāo (티차오) 체조
- 乒乓球 pīng pāng qiú (핑팡치우) 탁구
- 台球 tái qiú (타이치우) 당구

- 滑雪 huá xuě (화쒸에) 스키
- 溜冰 liū bīng (류빙) 스케이팅
- 冰球 bīng qiú (삥치우) 아이스하키
- 射箭 shè jiàn (셔찌엔) 양궁
- 射击 shè jī (셔찌) 사격
- 保铃球 bǎo líng qiú (빠오링치우) 볼링
- 高尔夫球 gāo ěr fū qiú (까오얼푸치우) 골프
- 羽毛球 yǔ máo qiú (위마오치우) 배드민턴

단어

一起 yì qǐ (이치) 함께, 같이
去看~ qù kàn~ (취칸~) ~보러 가다

比赛 bǐ sài (비싸이) 경기, 시합

学习 • learning

회화 1

ⓐ 喜欢什么运动?
Xǐ huan shén me yùn dòng?
씨 환 션머 윈 똥?

무슨 운동 좋아해?

ⓑ 我是棒球迷。
Wǒ shì bàng qiú mí.
워 쉬 빵 치우 미.

나는 야구광이야.

ⓐ 真的吗? 我有两张票,
Zhēn de ma? Wǒ yǒu liǎng zhāng piào,
쩐 더 마?   워 요우 량 쨩 퍄오,

정말? 나 티켓이 두 장이 있거든,

一起去看比赛吧。
yì qǐ qù kàn bǐ sài ba.
이 치 취 칸 비 싸이 바.

같이 야구경기 보러 가자.

ⓑ 太好了!
Tài hǎo le!
타이 하오 러!

잘됐다!

단어 • • •

运动 yùn dòng (윈똥) 운동, 스포츠
棒球 bàng qiú (빵치우) 야구
~迷 mí (~미) ~애호가, ~마니아
两张 liǎng zhāng (량쨩) 두 장
票 piào (퍄오) 표, 티켓

学习 · learning

 회화 전 알아두기

꼭 알아두기

你会游泳吗?
Nǐ huì yóu yǒng ma?
니 훼이 요우 용 마?

너 수영할 줄 아니?

"会~"는 '(배워서) ~할 수 있다, ~할 줄 알다'라는 뜻이다. 여기서 주의해야 할 점은 "会" 뒤에 나타나는 내용은 모두 배움을 통해 할 수 있는 내용들이다.

一点儿也不会。
Yì diǎnr yě bú huì。
이 띠알 예 부 훼이。

전혀 못해.

"一点儿也"는 '조금도'라는 뜻으로 사용하는데, 뒤에 오는 내용은 모두 현재나 과거의 부정문이다.

〈예〉
- 一点儿也没吃。Yì diǎnr yě méi chī。 (이 띠알 예 메이 취。) 조금도 먹지 않았다.
- 一点儿也没做。Yì diǎnr yě méi zuò。 (이 띠알 예 메이 쭤。) 조금도 하지 않았다.
- 一点儿也不好吃。Yì diǎnr yě bù hǎo chī。 (이 띠알 예 뿌 하오 취。) 전혀 맛이 없다.

学习 • learning

회화 2

Ⓐ 你会游泳吗?
Nǐ huì yóu yǒng ma?
니 훼이 요우 용 마?

너 수영할 줄 아니?

Ⓑ 一点儿也不会。
Yì diǎnr yě bú huì.
이 띠알 예 부 훼이。

아니, 전혀 못해.

我不爱运动。你呢?
Wǒ bú ài yùn dòng. Nǐ ne?
워 부 아이 윈 똥。 니 너?

난 운동을 싫어하거든. 너는?

Ⓐ 我会游泳。
Wǒ huì yóu yǒng.
워 훼이 요우 용。

나는 할 줄 알아.

Ⓑ 游多久了?
Yóu duō jiǔ le?
요우 뚜어 찌우 러?

수영한 지 얼마나 됐어?

Ⓐ 嗯,五年了。
Ng, wǔ nián le.
응, 우 니옌 러。

응, 한 5년 됐어.

学习 • learning

B 嚯, 那你一定游得不错了!
Huò, nà nǐ yí dìng yóu de bú cuò le!
후어, 나 니 이 띵 요우 더 부 추어 러!

우와, 그럼 수영 잘하겠네!

A 嗯, 不但会自由式,
Ng, bú dàn huì zì yóu shì,
응, 부 딴 훼이 쯔 요우 쉬,

응, 자유형은 물론이고,

还会仰泳。
hái huì yǎng yǒng.
하이 훼이 양 용。

배영도 할 줄 알거든.

B 你真行!
Nǐ zhēn xíng!
니 쩐 씽!

굉장해!

단어 • • •

会 huì (훼이) (배움을 통해)할 수 있다
游泳 yóu yǒng (요우용마) 수영, 수영하다
一点儿也 yì diǎnr yě (이띠얄예) 조금도
不爱~ bú ài~ (부아이~) ~하기 싫다
游 yóu (요우) (수영을)하다
多久 duō jiǔ (뚜어찌우) 얼마 동안
年 nián (니엔) 년

嚯 huò (후어) (찬탄)우와
一定 yí dìng (이띵) 반드시
不但~ bú dàn~ (부딴~) ~뿐만 아니라
自由式 zì yóu shì (쯔요우쉬) 자유형
还会~ hái huì~ (하이훼이~) 또한 ~할 수 있다
仰泳 yǎng yǒng (양용) 배영
真行 zhēn xíng (쩐씽) 정말 대단해

35
취미생활-오락

 **회화 1**

Ⓐ **你今天回家做什么？** 너는 오늘 집에 가면 뭐할 거야?
Nǐ jīn tiān huí jiā zuò shén me?
니 찐 티엔 훼이 찌아 쭈어 션머?

Ⓑ **嗯，玩儿电脑游戏。** 응, 나는 컴퓨터 게임.
Ng, wánr diàn nǎo yóu xì.
응, 왈 띠엔 나오 요우 씨.

Ⓐ **你最近老玩儿电脑游戏。**
Nǐ zuì jìn lǎo wánr diàn nǎo yóu xì.
니 쭈이 찐 라오 왈 띠엔 나오 요우 씨.

너는 요즘 컴퓨터 게임만 하는구나.

Ⓑ **好玩儿嘛。** 재미있잖아.
Hǎo wánr ma.
하오 왈 마.

단어 • • •

回家 huí jiā (훼이찌아) 집으로 돌아가다
玩儿 wánr (왈) 놀다
电脑 diàn nǎo (띠엔나오) 컴퓨터
游戏 yóu xì (요우씨) 게임

最近 zuì jìn (쭈이찐) 최근에, 요즘
老 lǎo (라오) 자주, 늘
好玩儿 hǎo wánr (하오왈) (놀 때) 재미있다
~嘛 ~ma (마) (뚜렷한 사실을 강조할 때) ~잖아

学习 • learning

회화 2

Ⓐ 你看电视吗?　　너는 TV 보니?
Nǐ kàn diàn shì ma?
니 칸 띠옌 쉬 마?

Ⓑ 我特别喜欢看喜剧节目。
Wǒ tè bié xǐ huan kàn xǐ jù jié mù.
워 터 삐예 씨 환 칸 씨 쮜 찌예 무.

특히 코미디 프로그램을 제일 좋아해.

Ⓐ 是吗? 我喜欢看电视剧。
Shì ma? Wǒ xǐ huan kàn diàn shì jù.
쉬 마? 워 씨 환 칸 띠옌 쉬 쮜.

그래? 나는 드라마를 좋아하는데.

표현 익히기 - 인터넷

더 알아두기

- 因特网 yīn tè wǎng (인터왕) 인터넷
- 网址 wǎng zhǐ (왕쥐) 인터넷 주소
- 网友 wǎng yǒu (왕요우) 넷 프렌드
- 网站 wǎng zhàn (왕짠) 웹 사이트
- 网吧 wǎng bā (왕빠) PC방

단어 • • •

电视 diàn shì (띠옌쉬) TV, TV프로그램
特别 tè bié (터삐예) 특히, 특별히
喜剧 xǐ jù (씨쮜) 희극, 코미디
节目 jié mù (찌예무) 프로그램
电视剧 diàn shì jù (띠옌쉬쮜) 드라마

补课 • supplementary lessons

더 알아두기 | 표현 익히기 - 컴퓨터

- 因特网 yīn tè wǎng (인터왕) 인터넷
- 宽带网 kuān dài wǎng (콴따이왕) 초고속 통신망
- 网络游戏 wǎng luò yóu xì (왕루어요우씨) 인터넷 게임
- 网址 wǎng zhǐ (왕쥐) 인터넷 주소
- 网站 wǎng zhàn (왕짠) 웹 사이트
- 聊天室 liáo tiān shì (랴오티엔쉬) 채팅방
- 上网 shàng wǎng (샹왕) 인터넷을 하다
- 网友 wǎng yǒu (왕요우) 넷 프렌드
- 电子信箱 diàn zǐ xìn xiāng (띠엔쯔씬샹) E-mail
- 搜索 sōu suǒ (써우수어) 검색하다
- 用户名 yòng hù míng (용후밍) ID
- 密码 mì mǎ (미마아) 비밀번호
- 附件 fù jiàn (푸찌엔) 첨부 파일
- 页主 zhǔ yè (주예) 홈페이지
- 电脑 diàn nǎo (띠엔나오) 컴퓨터
- 笔记本电脑 bǐ jì běn diàn nǎo (삐찌벤띠에나오) 노트북 컴퓨터
- 光盘 guāng pán (꾸안판) CD
- 病毒 bìng dú (삥뚜) 바이러스
- 死机 sǐ jī (쓰지) 다운되다
- 升级 shēng jí (성지) 업그레이드
- 显示器 xiǎn shì qī (씨안쉬치) 모니터
- 主机 zhǔ jī (주찌) 본체
- 键盘 jiàn pán (찌엔판) 키보드
- 鼠标 shǔ biāo (슈뺘오) 마우스
- 音箱 yīn xiāng (인샹) 스피커
- 打印机 dǎ yìn jī (따인찌) 프린터
- 扫描仪 sǎo miáo yí (샤오먀오이) 스캐너
- 数码相机 shù mǎ xiāng jī (슈마씨앙찌) 디지털 카메라
- 黑客 hēi kè (헤이크어) 해커
- 电子游戏室 diàn zǐ yóu xì shì (띠엔쯔요우씨쉬) 오락실
- 网吧 wǎng bā (왕빠) PC방

36 ● **우체국에서**
37 ● **은행에서**

36 우체국에서

 회화 1

Ⓐ 这封信寄往美国，寄航空。
Zhè fēng xìn jì wǎng Měi guó, jì háng kōng.
쩌 펑 씬 찌 왕 메이 구어, 찌 항 쿵.

이 편지 미국으로 부치려고 하는데요, 항공우편으로요.

Ⓑ 一百二十元。　　　　네, 120원입니다.
Yì bǎi èr shí yuán.
이 바이 얼 쉬 위엔.

"寄"는 '(우편으로)부치다, 보내다, 우송하다'라는 뜻으로 사용하며, 같은 뜻으로 "邮 yóu (요우)"도 흔히 사용하는 편이다.

단어 •••

封 fēng (펑) (편지를 셀 때)통
信 xìn (씬) 편지
寄 jì (찌) (편지, 소포)부치다

寄往~ jì wǎng~ (찌왕~) (목적지) ~로 부치다
美国 Měi guó (메이구어) 미국
航空 háng kōng (항쿵) 항공

168

学习 · learning

회화 2

Ⓐ **请问，在哪个窗口买邮票？**
Qǐng wèn, zài nǎ ge chuāng kǒu mǎi yóu piào?
칭 원, 짜이 나 거 촹 커우 마이 요우 퍄오?

우표는 어느 창구에서 사나요?

Ⓑ **右边窗口。** 오른쪽 창구에서요.
Yòu biān chuāng kǒu.
요우 삐엔 촹 커우.

표현 익히기 - 우체국   더 알아두기

- 快件儿 kuài jiànr (콰이찌알) 빠른 우편
- 慢件儿 màn jiànr (만찌알) 보통우편
- 国际特快件儿 guó jì tè kuài jiànr (구어찌터콰이찌알) 국제 특급우편
- 邮局 yóu jú (요우쥐) 우체국
- 信封 xìn fēng (씬펑) 편지 봉투
- 胶带 jiāo dài (쟈오다이) 테이프(접착용)
- 胶水 jiāo shuǐ (쟈오수이) 물풀
- 绳子 shéng zǐ (셩쯔) 밧줄, 노끈
- 箱子 xiāng zǐ (시앙쯔) 상자
- 剪刀 jiǎn dāo (젠다오) 가위
- 小刀 xiǎo dāo (샤오다오) 조그만 칼

단어 · · ·

哪个 nǎ ge (나거) 어느
买 mǎi (마이) 사다

邮票 yóu piào (요우퍄오) 우표
右边 yòu biān (요우삐엔) 오른쪽

36 우체국에서 | **169**

学习 · learning

회화 3 (소포를 부칠 때)

ⓐ **请问，在哪个窗口寄国际邮件？**
Qǐng wèn, zài nǎ ge chuāng kǒu jì guó jì yóu jiàn?
칭 원, 짜이 나 거 촹 커우 찌 구어 찌 요우 찌엔?

저기, 국제 우편물은 어느 창구에서 취급하나요?

ⓑ **三号窗口。**   3번 창구에서요.
Sān hào chuāng kǒu.
싼 하오 촹 커우.

"窗口"는 '창문'이라는 뜻도 있지만, 생활 속에서 주로 사무실 따위에서 창을 통해 손님과 마주 보고 돈의 출납 등 사무를 보는 곳을 가리킨다.
실제로 '창문'이라는 표현은 "窗户 chuāng hù (촹후)"이다.

단어 ...

国际 guó jì (구어찌) 국제
邮件 yóu jiàn (요우찌엔) 우편
包 bāo (빠오) 소포
快件儿 kuài jiànr (콰이찌알) 빠른 우편

里面 lǐ miàn (리미엔) 안에
衣服 yī fú (이푸) 옷
收据 shōu jù (셔우쮜) 영수증

学习 • learning

 회화 4 (소포를 부칠 때)

Ⓐ 这个包寄韩国快件儿。
Zhè ge bāo jì Hán guó kuài jiànr。
쩌 거 빠오 찌 한구어 콰이 찌알。

이 소포를 한국까지 빠른 우편으로 보내주세요.

Ⓑ 在这儿填写地址。 여기에 주소를 적어주세요.
Zài zhèr tián xiě dì zhǐ。
짜이 쩌얼 티엔 씨예 띠 쥐。

Ⓐ 给您，写完了。 여기요, 다 썼습니다.
Gěi nín, xiě wán le。
게이 닌, 씨예 완 러。

Ⓑ 里面是什么? 내용물이 뭐예요?
Lǐ miàn shì shén me?
리 미엔 쉬 션머?

Ⓐ 衣服。 옷입니다.
Yī fú。
이 푸。

Ⓑ 给您收据。 영수증 받으세요.
Gěi nín shōu jù。
게이 닌 셔우 쮜。

36 우체국에서 | **171**

37 은행에서

회화 1

Ⓐ 想办个存折。
Xiǎng bàn ge cún zhé.
씨앙 빤 거 춘 저.

통장 하나 만들려고요.

Ⓑ 先填写这张表，然后出示身份证。
Xiān tián xiě zhè zhāng biǎo, rán hòu chū shì shēn fèn zhèng.
씨엔 티엔 씨예 쪄 쟝 뺘오, 란 허우 추 쉬 션 펀 쩡.

먼저 이 양식을 작성하시고, 신분증 주세요.

Ⓐ 填完了。
Tián wán le.
티엔 완 러.

다 작성했습니다.

Ⓑ 先存多少?
Xiān cún duō shǎo?
씨엔 춘 뚜어 샤오?

우선 얼마를 입금하시려고요?

Ⓐ 两千元。
Liǎng qiān yuán.
량 치엔 위엔.

2000원이요.

단어

办 bàn (빤) 취급하다
存折 cún zhé (춘저) 저금통장
先 xiān (씨엔) 우선, 먼저
表 biǎo (뺘오) 표, 양식
然后 rán hòu (란허우) 그리고 나서

出示 chū shì (추쉬) 제시하다, 보여주다
身份证 shēn fèn zhèng (션펀쩡) 신분증
填 tián (티엔) (빈칸)채우다
~完了 ~wán le (~완러) 다 ~했다
存 cún (춘) 저금하다

学习 • learning

 회화 2

Ⓐ **要存款吗?**
Yào cún kuǎn ma?
야오 춘 콴 마?

저금하실 건가요?

Ⓑ **对, 三千块。**
Duì, sān qiān kuài.
뚜에, 싼 치옌 콰이.

네. 3000원입니다.

표현 익히기 - 은행   더 알아두기

- 活期存款 huó qī cún kuǎn (후어치춘콴) 보통예금
- 定期存款 dìng qī cún kuǎn (띵치춘콴) 정기예금
- 现款 xiàn kuǎn (시엔콴) 현금
- 现金 xiàn jīn (시엔찐) 현금
- 现金卡 xiàn jīn kǎ (시엔찐카) 현금인출카드

단어 • • •

要~ yào~ (야오) ~하려고 하다
存款 cún kuǎn (춘콴) 저금하다

对 duì (뚜에) 맞다

学习 · learning

회화 3 (송금할 때)

Ⓐ 请问，往韩国寄钱，
Qǐng wèn, wǎng Hán guó jì qián,
칭 원, 왕 한구어 찌 치엔,

저기, 한국으로 송금할 건데,

多少天能到?
duō shao tiān néng dào?
뚜어 샤오 티엔 넝 따오?

며칠 걸려요?

Ⓑ 一般三, 四天能到。
Yì bān sān, sì tiān néng dào.
이 빤 싼, 쓰 티엔 넝 따오.

보통 3, 4일 걸립니다.

단어 · · ·

往~寄钱 wǎng ~ jì qián (왕~찌치엔)
　　　~으로 송금하다
多少天? duō shao tiān? (뚜어샤오티엔)
　　　며칠 동안?
天 tiān (티엔) 하루, 날
能到 néng dào (넝따오) 도착할 수 있다
一般 yì bān (이빤) 보통, 일반적으로
把~ bǎ~ (바~) ~을

刚才 gāng cái (깡차이) 방금
表格 biǎo gé (뺘오끄어) 양식, 서식
~错了 ~cuò le (~추어러) ~을 잘못하다
重 chóng (총) (처음부터)다시
写 xiě (씨예) (글)쓰다, 적다
仔细 zǐ xì (쯔씨) 자세히
核对 hé duì (허뛔이) 대조하다, 확인하다
~过 ~guo (~구어) ~한 적 있다, ~했다

学习 · learning

회화 4 (송금할 때)

Ⓐ **对不起，把刚才的表格给我好吗？**
Duì bu qǐ, bǎ gāng cái de biǎo gé gěi wǒ hǎo ma?
뛔이 부 치, 바 깡 차이 더 빠오 끄어 께이 워 하오 마?

죄송하지만, 아까 드렸던 서류 주시겠어요?

地址写错了。   주소 잘못 적었습니다.
Dì zhǐ xiě cuò le.
디 쥐 시예 추어 러.

Ⓑ **给您，重写一张。**   여기요, 다시 한 장 써 주세요.
Gěi nín, chóng xiě yì zhāng.
게이 닌, 총 씨예 이 짱.

Ⓐ **重写了。**   다시 썼어요.
Chóng xiě le.
총 씨예 러.

Ⓑ **核对了吧？**   잘 확인하셨죠?
Hé duì le ba?
허 뛔이 러 바?

Ⓐ **是的，仔细核对过了。**   네, 자세히 확인했습니다.
Shì de, zǐ xì hé duì guo le.
쉬 더, 쯔 씨 허 뛔이 구어 러.

37 은행에서 | **175**

学习 · learning

회화 5 (환전할 때)

Ⓐ 这儿可以换钱吗? 여기서 환전되나요?
Zhèr kě yǐ huàn qián ma?
쩔 커 이 환 치옌 마?

Ⓑ 可以。哪国钱? 네. 어느 나라 것입니까?
Kě yǐ。 Nǎ guó qián?
커 이。 나 구어 치옌?

Ⓐ 韩币换成人民币。 한국 돈인데, 인민폐로 바꿔 주십시오.
Hán bì huàn chéng Rén mín bì。
한삐 환 청 런민삐。

Ⓐ 请把这些零钱换成一百元的。
Qǐng bǎ zhè xiē líng qián huàn chéng yī bǎi yuán de。
칭 바 쩌 씨예 링 치옌 환 청 이 바이 위엔 더。

이 동전들을 모두 백 원짜리로 바꿔 주십시오.

Ⓑ 给您, 一共五百元。 여기, 총 500원입니다.
Gěi nín, yī gòng wǔ bǎi yuán。
게이 닌, 이 꽁 우 바이 위엔。

단어 …

哪国 nǎ guó (나구어) 어느 나라
韩币 Hán bì (한삐) 한국 돈
这些~ zhè xiē~ (쩌씨예~) 이 ~들

换成~ huàn chéng~ (환청~) ~으로 바꾸다
人民币 Rén mín bì (런민삐) 인민폐(중국 돈)
零钱 líng qián (링치옌) 잔돈

38 ● 호텔에서

38 호텔에서

회화 1 (방 예약하기)

Ⓐ 请问，有空房间吗？
Qǐng wèn, yǒu kōng fáng jiān ma?
칭 원, 요우 쿵 팡 찌엔 마?

빈 방 있나요?

Ⓑ 有。
Yǒu。
요우。

네.

Ⓐ 住三天两宿，
Zhù sān tiān liǎng xiǔ,
쭈 싼 티엔 량 씨유,

2박 3일 묵을 건데요,

单人间。 多少钱？
dān rén jiān。 Duō shao qián?
딴 런 찌엔。 뚜어 사오 치엔?

1인용으로 해주세요. 얼마죠?

Ⓑ 三百元。
Sān bǎi yuán。
싼 빠이 위엔。

300원입니다.

단어 • • •

空 kōng (쿵) 비다
房间 fáng jiān (팡찌엔) 방
住 zhù (쭈) 머물다

三天两宿 sān tiān liǎng xiǔ
　　　　(싼티엔량씨유) 2박 3일
单人间 dān rén jiān (딴런찌엔) 1인실

学习 · learning

 **회화 2 (예약 확인)**

Ⓐ 预约好的,
Yù yuē hǎo de,
위 위예 하오 더,

예약을 했는데요,

名字叫李明。
míng zì jiào Lǐ míng.
밍 쯔 쨔오 리 밍。

이름은 이명입니다.

Ⓑ 哦, 在这儿。
ò, zài zhèr.
오, 짜이 쩔。

아, 여기 있네요.

双人房, 对吧?
Shuāng rén fáng, duì ba?
수앙 런 팡 뛔이 바?

2인실 맞으시죠?

Ⓐ 对。
Duì.
뚜에。

네.

Ⓑ 给您钥匙。
Gěi nín yào shi.
게이 닌 야오 쉬。

여기 열쇠 있습니다.

단어 • • •

预约 yù yuē (위위예) 예약하다
~好的 ~hǎo de (~하오더) ~로 잘 되는

双人房 Shuāng rén fáng (수앙런팡) 2인실
钥匙 yào shi (야오쉬) 열쇠

学习 • learning

회화 3 (서비스 받기)

Ⓐ 服务员,
Fú wù yuán,
푸 우 위엔,

웨이터,

请帮我拿一下皮箱好吗?
qǐng bāng wǒ ná yí xià pí xiāng hǎo ma?
칭 빵 워 나 이 샤 피 씨양 하오 마?

가방 나르는 것 좀 도와주시겠습니까?

Ⓑ 好, 我来帮您。
Hǎo, wǒ lái bāng nín。
하오, 워 라이 빵 닌。

네, 도와드리겠습니다.

Ⓐ 谢谢你, 这是小费。
Xiè xie nǐ, zhè shì xiǎo fèi。
씨에 셰 니, 쩌 쉬 샤오 페이。

고마워요. 여기 팁이에요.

Ⓑ 谢谢您!
Xiè xie nín!
씨에 셰 닌!

감사합니다.

단어 • • •

服务员 fú wù yuán (푸우위엔) 종업원
帮 bāng (빵) 돕다
拿 ná (나) 손에 쥐다, 가지다, 들다
一下 yí xià (이샤) 한 번
皮箱 pí xiāng (피씨양) 가죽상자
小费 xiǎo fèi (샤오페이) 팁

学习 · learning

회화 4 (서비스 받기)

Ⓐ 这个怎么使用?
Zhè ge zěn me shǐ yòng?
쪄 거 쩐 머 쉬 용?

이것은 어떻게 사용하나요?

Ⓑ 按钮在这儿。
àn niǔ zài zhèr.
안 니유 짜이 쩔.

버튼은 여기에 있습니다.

按一下是开,
àn yí xià shì kāi,
안 이 샤 쉬 카이,

한 번 누르면 켜지고,

再按一下是关。
zài àn yí xià shì guān.
짜이 안 이 샤 쉬 꾸안.

또 한 번 누르면 꺼집니다.

Ⓐ 哦,是这样。
ò, shì zhè yàng.
오, 쉬 쪄 양.

그렇구나.

Ⓑ 还需要什么吗?
Hái xū yào shén me ma?
하이 쒸 야오 션머 마?

더 필요한 것 있습니까?

学习 · learning

Ⓐ **不需要了, 谢谢。** 아닙니다. 고맙습니다.
　Bù xū yào le, xiè xie。
　뿌 쒸 야오 러, 씨에 셰。

Ⓑ **祝您愉快!** 좋은 시간 되세요!
　Zhù nín yú kuài!
　쭈 닌 위 콰이!

더 알아두기 | 표현 익히기 -호텔 시설

- 楼梯 lóu tī (러우티) 계단
- 电梯 diàn tī (띠엔티) 엘리베이터, 에스컬레이터
- 双人间 shuāng rén jiān (솽런찌엔) 2인실
- 双人床 shuāng rén chuáng (솽런촹) 2인용 침대
- 单人床 dān rén chuáng (딴런촹) 싱글 침대

단어 ...

怎么 zěn me (쩐머) 어떻게
使用 shǐ yòng (쉬용) 사용하다
按钮 àn niǔ (안니유) 버튼
按 àn (안) 누르다
这样 zhè yàng (쩌양) 이렇다

开 kāi (카이) 열다, 키다
关 guān (꾸안) 닫다, 끄다
祝~ zhù~ (쭈~) ~되길 바라다
愉快 yú kuài (위콰이) 즐겁다

182

学习 · learning

회화 5 (체크아웃할 때)

Ⓐ 现在想退宿。
Xiàn zài xiǎng tuì sù。
시엔 짜이 씨앙 퉤이 쑤。

지금 체크아웃하려고 합니다.

Ⓑ 请出示钥匙。
Qǐng chū shì yào shi。
칭 추 쉬 야오 쉬。

열쇠 보여주세요.

Ⓐ 在这儿。
Zài zhèr。
짜이 쩔。

여기 있습니다.

Ⓑ 喝冰箱里的饮料了,
Hē bīng xiāng lǐ de yǐn liào le,
흐어 삥 썅 리 더 인 랴오 러,

냉장고 안에 음료 드셨네요,

另付钱。
lìng fù qián。
링 푸 치엔。

비용을 따로 내야 합니다.

Ⓐ 总共是多少?
Zǒng gòng shì duō shǎo?
쫑 꽁 쉬 뚜어 샤오?

총 얼마입니까?

学习 • learning

> Ⓑ 三天两宿三百元, 加上三个饮料三十元,
> Sān tiān liǎng xiǔ sān bǎi yuán, jiā shang sān ge yǐn liào sān shí yuán,
> 싼 티엔 량 씨유 싼 빠이 위엔, 쨔 샹 싼 거 인 랴오 싼 쉬 위엔,
>
> 2박 3일이 300원, 플러스 음료 3개 30원,
>
> 一共是三百三十元。　　전부 330원입니다.
> yí gòng shì sān bǎi sān shí yuán。
> 이 꽁 쉬 싼 빠이 싼 쉬 위엔。

더 알아두기 | 표현 익히기 - 전기용품

- 微波炉 wēi bō lú (웨이뽀어루) 전자레인지
- 电锅 diàn guō (띠엔꾸어) 전기밥솥
- 空调 kōng tiào (쿵탸오) 에어컨
- 电扇 diàn shàn (띠엔샨) 선풍기
- 吹风机 chuī fēng jī (추이펑찌) 헤어 드라이어
- 吸尘器 xī chén qì (씨첸치) 청소기
- 熨斗 yùn dǒu (윈떠우) 다리미

단어 • • •

退宿 tuì sù (퉤이쑤) (여관 등) 체크아웃하다
冰箱 bīng xiāng (삥썅) 냉장고
里 lǐ (리) 안
另付 lìng fù (링푸) 따로 지불하다

总共 zǒng gòng (쫑꽁) 총, 합쳐서
加上 jiā shang (쨔샹) 게다가, 더하다
饮料 yǐn liào (인랴오) 음료

学习 · learning

회화 6 (숙박 연장)

Ⓐ 可以再延长一天吗?　　　하루 더 연장할 수 있습니까?
Kě yǐ zài yán cháng yī tiān ma?
커 이 짜이 옌 창 이 티엔 마?

Ⓑ 已经有人预约了,　　　이미 예약받아서,
Yǐ jīng yǒu rén yù yuē le,
이 징 요우 런 위 위에 러,

得换个房间, 行吗?
děi huàn ge fáng jiān, xíng ma?
데이 환 거 퐝 찌엔, 씽 마?

다른 방으로 옮겨야 하는데, 괜찮으시겠습니까?

Ⓐ 行, 换吧。　　　네, 옮기세요.
Xíng, huàn ba。
씽, 환 바。

단어 • • •

可以~吗? kě yǐ ~ma (커이~마) ~해도 됩니까?
延长 yán cháng (옌창이) 연장하다
已经 yǐ jīng (이징) 이미, 벌써
有人 yǒu rén (요우런) 어떤 사람

预约 yù yuē (위위에) 예약하다
换房间 huàn fáng jiān (환퐝찌엔)
　　　(여관, 호텔)방을 바꾸다

38 호텔에서

39 ● 병원에서
40 ● 약국에서

39 병원에서

회화 1 (접수하기)

Ⓐ **请问, 挂号处在哪儿?** 접수처가 어디입니까?
Qǐng wèn, guà hào chù zài nǎr?
칭 원, 꽈 하오 추 짜이 날?

Ⓑ **在一楼前厅。** 1층 로비에 있습니다.
Zài yī lóu qián tīng。
짜이 이 러우 치옌 팅。

Ⓐ **哦, 谢谢。** 아, 감사합니다.
ò, xiè xie。
오, 씨에 셰。

더 알아두기 | 표현 익히기 - 병원 진료과목

- 外科 wài kē (와이커) 외과
- 小儿科 xiǎo ér kē (샤오얼커) 소아과
- 妇产科 fù chǎn kē (푸찬커) 산부인과
- 耳鼻喉科 ěr bí hóu kē (얼삐허우커) 이비인후과
- 牙科 yá kē (야커) 치과

단어 •••

挂号处 guà hào chù (꽈하오추) 접수처   前厅 qián tīng (치옌팅) 로비
一楼 yī lóu (이러우) 1층

学习 • learning

 **회화 2 (접수하기)**

Ⓐ **您想挂什么科?**
Nín xiǎng guà shén me kē?
닌 씨앙 꽈 션머 커?

어디 접수하시겠습니까?

Ⓑ **内科。**
Nèi kē。
네이 커。

내과로 부탁합니다.

Ⓐ **请坐那边等一下。**
Qǐng zuò nà biān děng yī xià。
칭 쭈어 나 삐엔 떵 이 샤。

저기 앉으셔서 조금만 기다리십시오.

Ⓑ **知道了。**
Zhī dào le。
쮜 따오 러。

네. 알겠습니다.

단어 • • •

挂~科 guà ~kē (꽈션머커) (병원)~과를 접수하다
内科 nèi kē (네이커) 내과
坐 zuò (쭈어) 앉다

那边 nà biān (나삐엔) 저쪽
等 děng (떵) 기다리다

学习 · learning

 **회화 3 (진찰 받기)**

Ⓐ 您哪儿疼?
Nín nǎr téng?
닌 날 텅?

어디가 아프십니까?

Ⓑ 头疼, 泻肚子。
Tóu téng, xiè dù zi。
터우 텅, 씨예 뚜 쯔。

머리가 아프고, 설사를 해서요.

Ⓐ 是胃肠感冒。
Shì wèi cháng gǎn mào。
쉬 웨이 창 깐 마오。

위장에서 나타나는 감기예요.

Ⓑ 严重吗?
Yán zhòng ma?
옌 쯍 마?

심각한가요?

Ⓐ 吃三天药, 打几针, 就会好的。
Chī sān tiān yào, dǎ jǐ zhēn, jiù huì hǎo de。
취 싼 티엔 야오, 따 찌 쩐, 찌우 훼이 하오 더。

삼일 동안 약을 복용하고, 주사 맞으면 좋아질 겁니다.

这是处方。
Zhè shì chù fāng。
쩌 쉬 추 꽝。

여기 처방전 있습니다.

学习 · learning

Ⓑ **在哪里取药?**
Zài nǎ lǐ qǔ yào?
짜이 나 리 취 야오?

약은 어디서 찾습니까?

Ⓐ **在楼下西药局。**
Zài lóu xià xī yào jú.
짜이 러우 샤 씨 야오 쥐.

아래층 양약국에서요.

Ⓑ **知道了。 谢谢。**
Zhī dào le. Xiè xie.
쥐 따오 러. 씨에 셰.

알겠습니다. 감사합니다.

단어 · · ·

疼 téng (텅) 아프다
头 tóu (터우) 머리
泻肚子 xiè dù zi (씨예뚜쯔) 설사하다
胃肠 wèi cháng (웨이창) 위장
感冒 gǎn mào (깐마오) 감기, 감기에 걸리다
严重 yán zhòng (옌쭝) 심각하다

打针 dǎ zhēn (따쩐) 주사를 맞다
会好的 huì hǎo de (훼이하오더) 나을 수 있다
处方 chù fāng (추팡) 처방
取 qǔ (취) (맡겨둔 것)찾다
楼下 lóu xià (러우샤) 아래층
西药局 xī yào jú (씨야오쥐) (병원 안)양약국

学习 · learning

회화 4 (진찰 받기)

Ⓐ 这里是皮肤科吧?
Zhè lǐ shì pí fū kē ba?
쪄 리 쉬 피 푸 커 바?

여기 피부과 맞죠?

Ⓑ 对。您哪儿不舒服?
Duì。 Nín nǎr bù shū fú?
뚜에。 닌 날 뿌 슈 푸?

네, 어디가 불편하세요?

Ⓐ 浑身痒,起了许多红疹。
Hún shēn yǎng, qǐ le xǔ duō hóng zhěn。
훈 션 양, 치 러 쉬 뚜어 홍 쪈。

온몸이 가렵고 빨간 반점이 났습니다.

Ⓑ 是过敏性皮炎。
Shì guò mǐn xìng pí yán。
쉬 꾸어 민 씽 피 옌。

알레르기성 피부염입니다.

给你开药膏,每天抹四次。
Gěi nǐ kāi yào gāo, měi tiān mǒ sì cì。
게이 니 카이 야오 까오, 메이 티엔 모어 쓰 츠。

연고를 드릴 테니까, 매일 4번씩 바르세요.

学习 • learning

Ⓐ **要注意哪些饮食?** 어떤 음식을 피해야 합니까?
Yào zhù yì nǎ xiē yǐn shí?
야오 쭈이 나 씨예 인 쉬?

Ⓑ **除了辣的, 都没关系。** 매운 음식 빼고, 다 괜찮습니다.
Chú le là de, dōu méi guān xi。
추 러 라 더, 떠우 메이 꾸안 시。

단어 • • •

皮肤科 pí fū kē (피푸커) 피부과
不舒服 bù shū fú (뿌슈푸) 불편하다
舒服 shū fú (슈푸) 편하다
浑身 hún shēn (훈션) 온몸이
痒 yǎng (양) 가렵다
起了~ qǐ le~ (치러~)
　　　(물집, 땀띠, 종기)~가 나다, 생기다
许多 xǔ duō (쉬뚜어) 많은
红疹 hóng zhěn (홍쩐) 빨간 반점
过敏性 guò mǐn xìng (꾸어민씽) 알레르기성
皮炎 pí yán (피옌) 피부염
开 kāi (카이) 처방하다

药膏 yào gāo (야오까오) 연고
每天 měi tiān (메이티엔) 매일
抹 mǒ (모어) 바르다
次 cì (츠) (횟수를 나타냄)번
注意 zhù yì (쭈이) 주의하다
哪些 nǎ xiē (나씨예) 어떤 것들
饮食 yǐn shí (인쉬) 음식을 먹고 마시다, 음식
除了~ chú le~ (추러~) ~을 제외하고
辣的 là de (라더) 매운 것
都 dōu (떠우) 모두
没关系 méi guān xi (메이꾸안시) 상관없다

40 약국에서

회화 1

Ⓐ 给您处方。
Gěi nín chù fāng。
게이 닌 추 퐝。

여기 처방전 있습니다.

Ⓑ 这种药一天三次,
Zhè zhǒng yào yī tiān sān cì,
쩌 쭝 야오 이 티엔 싼 츠,

이 약은 하루에 3번씩,

饭后三十分钟服用。 七天的。
fàn hòu sān shí fēn zhōng fú yòng。 Qī tiān de。
판 허우 싼 쉬 펀 쭝 푸 용。 치 티엔 더。

식후 30분 후에 복용하세요. 7일분입니다.

Ⓐ 没有需要注意的吗?
Méi yǒu xū yào zhù yì de ma?
메이 요우 쉬 야오 쭈 이 더 마?

주의해야 할 것은 없습니까?

Ⓑ 服药期间要克制饮酒。
Fú yào qī jiān yào kè zhì yǐn jiǔ。
푸 야오 치 찌엔 야오 커 쥐 인 찌우。

약을 복용하는 동안 술을 자제하세요.

Ⓐ 知道了, 谢谢。
Zhī dào le, xiè xie。
쥐 따오 러, 씨에 셰。

알겠습니다. 감사합니다.

学习 • learning

회화 2

Ⓐ **请问，有治头疼的药吗?**
Qǐng wèn, yǒu zhì tóu téng de yào ma?
칭 원, 요우 쯔 터우 텅 더 야오 마?

저기 두통에 듣는 약 있습니까?

Ⓑ **常有偏头痛吗?**　　　편두통이 있습니까?
Cháng yǒu piān tóu tòng ma?
창 요우 피엔 터우 통 마?

Ⓐ **有时有。**　　　가끔요.
Yǒu shí yǒu。
요우 쉬 요우。

Ⓑ **这个药效果很好。**　　　이 약이 효과 좋습니다.
Zhè ge yào xiào guǒ hěn hǎo。
쩌 거 야오 샤오 구어 헌 하오。

早晚饭后吃两次。　　　아침 저녁으로 식후 두 번 드세요.
Zǎo wǎn fàn hòu chī liǎng cì。
짜오 완 판 허우 츠 량 츠。

Ⓐ **多少钱?**　　　얼마예요?
Duō shao qián?
뚜어 샤오 치엔?

40 약국에서 | 195

学习 • learning

ⓑ **两块钱。** 2원입니다.
Liǎng kuài qián.
량 콰이 치엔.

중국의 약국은?

중국의 병원에는 보통 약국을 갖고 있지만 중약약국과 양약국은 따로 있다. 중약약국은 "中药局 zhōng yào jú (쫑야오쥐)"라고 한다.

병원 밖에 있는 약국들은 약장사하는 가게이고, "药店 yào diàn (야오띠엔)"이라고 부른다.

단어

这种~ zhè zhǒng (쩌쭝) 이 종류의
饭后 fàn hòu (판허우) 식사 후, 식후
服用 fú yòng (푸용) 복용하다
服药 fú yào (푸야오) 약을 복용하다
~期间 ~qī jiān (치찌엔) ~기간 내에
克制 kè zhì (커쯔) (감정을) 자제하다
饮酒 yǐn jiǔ (인찌우) 음주

治 zhì (쯔) 치료하다
常 cháng (창) 자주, 항상
偏头痛 piān tóu tòng (피엔터우통) 편두통
有时 yǒu shí (요우쉬) 때로는
效果 xiào guǒ (샤오구어) 효과
早晚 zǎo wǎn (짜오완) 아침 저녁으로

41 ● **관광 – 여행사 예약하기**
42 ● **관광 – 입장권을 살 때**
43 ● **관광 – 사진 찍을 때**
44 ● **관광 – 공연장에서**

41

관광-여행사 예약하기

꼭 알아두기 | 회화 전 알아두기

新加坡三日游多少钱?
Xīn jiā pō sān rì yóu duō shao qián?
씬 찌아 포 싼 르 요우 뚜어 샤오 치엔?

싱가포르 2박 3일은 얼마입니까?

"日"는 앞에 숫자를 넣어 기간을 표시하는데, 여기서의 "三日"는 3일이지만, 중국에서는 이미 2박을 포함한 뜻으로 굳이 2박 3일이 아니라 그냥 3일이라고 표현한다.

每人四千二。   사람당 4200원입니다.
Měi rén sì qiān èr.
메이 런 쓰 치엔 얼.

이 문장 끝에는 "百元(백원)"을 생략하였는데, 앞에 '천'이라는 단위가 나왔고, 그 다음 숫자가 바로 '천'의 다음 자리인 '백'의 자리이기 때문에 쓸 필요가 없어 "百元"을 생략하였다.

学习 · learning

 **회화 1**

Ⓐ 是亚洲旅行社吧。
Shì Yà zhōu lǚ xíng shè ba。
쉬 야 쩌우 뤼 씽 셔 바。

아시아 여행사죠?

新加坡三日游多少钱?
Xīn jiā pō sān rì yóu duō shao qián?
씬 찌아 포 싼 르 요우 뚜어 샤오 치옌?

싱가포르 2박 3일은 얼마입니까?

Ⓑ 团体每人三千八百元,
Tuán tǐ měi rén sān qiān bā bǎi yuán,
퇀 티 메이 런 싼 치옌 빠 빠이 위엔,

단체로 가시면 사람당 3800원이고,

个人少数的话,每人四千二。
gè rén shǎo shù de huà, měi rén sì qiān èr。
꺼 런 샤오 슈 더 화, 메이 런 쓰 치옌 얼。

개인적으로 가시면 사람당 4200원입니다.

Ⓐ 现在预约的话,什么时候出发?
Xiàn zài yù yuē de huà, shén me shí hòu chū fā?
시엔 짜이 위 위에 더 화, 션머 쉬 허우 추 퐈?

지금 예약하면, 언제 출발할 수 있나요?

学习 • learning

Ⓑ **每星期二出发，**
Měi xīng qī èr chū fā,
메이 씽 치 얼 추 퐈,

매주 화요일에 출발하고요,

三周前预约。
sān zhōu qián yù yuē.
싼 쩌우 치옌 위 위에.

3주 전에 예약해야 합니다.

Ⓐ **我们考虑一下再预约。**
Wǒ men kǎo lǜ yí xià zài yù yuē.
워 먼 카오 뤼 이 샤 짜이 위 위에.

생각해 보고 연락드릴게요.

단어 • • •

亚洲 Yà zhōu (야쩌우) 아시아
旅行社 lǚ xíng shè (뤼씽셔) 여행사
新加坡 Xīn jiā pō (씬찌아포) 싱가포르
日 rì (르) 날, 일
游 yóu (요우) 여행하다, 유람하다
团体 tuán tǐ (퇀티) 단체
每人 měi rén (메이런) 사람당, 매 사람
个人 gè rén (꺼런) 개인
少数 shǎo shù (샤오슈) 소수
预约 yù yuē (위위에) 예약하다 (방언으로 많이 사용함)
预订 yù dìng (위띵) 예약하다

什么时候 shén me shí hòu (션머쉬허우) 언제
出发 chū fā (추퐈) 출발하다
每星期 měi xīng qī (메이씽치) 매주
三周 sān zhōu (싼쩌우) 삼주
考虑 kǎo lǜ (카오뤼) 생각하다, 고려하다
付~ fù~ (푸~) ~을 지불하다
价 jià (찌아) 가격
以上 yǐ shàng (이샹) 이상
才 cái (차이) (~되어야) 비로소
旺期 wàng qī (왕치) 성수기
那就~吧 nà jiù ~ba (나찌우~바) 그럼 곧 ~하자

学习 · learning

회화 2

Ⓐ 是旅行社吧?
Shì lǚ xíng shè ba?
쉬 뤼씽셔바?

거기 여행사죠?

五个人可以付团体价吗?
Wǔ ge rén kě yǐ fù tuán tǐ jià ma?
우거런커이푸퇀티찌아마?

5명 단체로 할인이 가능하나요?

Ⓑ 不可以, 十人以上才行。
Bù kě yǐ, shí rén yǐ shàng cái xíng.
뿌커이, 쉬런이샹차이씽.

아니오, 10명 이상이어야 합니다.

Ⓐ 每人四千二太贵了。能便宜点儿吗?
Měi rén sì qiān èr tài guì le. Néng pián yí diǎnr ma?
메이런쓰치엔얼타이꾸이러. 넝피엔이띠얄마?

사람당 4200원은 너무 비싸네요. 좀 싸게 해주실 수 없나요?

Ⓑ 现在不是旺期, 那就四千吧。
Xiàn zài bú shì wàng qī, nà jiù sì qiān ba.
시엔짜이부쉬왕치, 나찌우쓰치엔바.

지금 성수기가 아니니까, 그럼 4000원으로 해드릴게요.

42

관광-입장권을 살 때

 **회화 1**

Ⓐ 请问, 售票处在哪里?
Qǐng wèn, shòu piào chù zài nǎ li?
칭 원, 셔우 퍄오 추 짜이 나 리?

실례합니다, 매표소는 어디에 있습니까?

Ⓑ 再往前走一点儿就是。
Zài wǎng qián zǒu yì diǎnr jiù shì。
짜이 왕 치옌 쩌우 이 띠얄 찌우 쉬。

앞으로 조금만 더 가시면 있어요.

Ⓐ 谢谢。 고마워요.
Xiè xie。
씨에 셰。

단어 • • •

售票处 shòu piào chù (셔우퍄오추) 매표소
走一点儿 zài zǒu yì diǎnr (쩌우이띠얄) 좀더 가다
往前 wǎng qián (왕치옌) 앞쪽으로

再 zài (짜이) 더, 다시
就 jiù (찌우) 곧

学习 • learning

회화 전 알아두기

꼭 알아두기

长城入场券多少钱？
Cháng chéng rù cháng quàn duō shao qián?
창 청 루 창 취엔 뚜어 샤오 치옌?

만리장성의 입장권이 얼마죠?

"入场券"은 '입장권'이라는 뜻으로 "门票"를 사용하기도 한다.

两个大人，两个儿童。
Liǎng ge dà rén, liǎng ge ér tóng.
량 거 따 런, 량 거 얼 통。

어른 두 명과 어린이 둘이오.

"大人"은 옛날에 '대인'이라는 뜻으로 많이 사용되었으나, 지금은 '어른'의 대명사로 쓰인다.
"儿童"은 '아동'이라는 뜻으로 많이 사용하는 편이고, '어린이'라는 뜻으로는 "小孩儿"을 많이 사용하는 편이다.

단어 • • •

长城 Cháng chéng (창청) 만리장성
入场券 rù cháng quàn (루창취엔) 입장권
门票 mén piào (먼파오) 입장권

大人 dà rén (따런) 어른
儿童 ér tóng (얼통) 아동
小孩儿 xiǎo háir (샤오할) 어린이

学习 · learning

 **회화 2**

Ⓐ 长城入场券多少钱?　　만리장성의 입장권이 얼마죠?
Cháng chéng rù cháng quàn duō shao qián?
창 청 루 창 취엔 뚜어 샤오 치엔?

Ⓑ 大人五十, 十五岁以下儿童二十。几位?
Dà rén wǔ shí, shí wǔ suì yǐ xià ér tóng èr shí。　Jǐ wèi?
따 런 우 쉬, 쉬 우 쑤이 이 샤 얼 통 얼 쉬。　찌 웨이?

어른은 50원이고, 15세 미만 어린이는 20원입니다. 몇 명이세요?

Ⓐ 两个大人，两个儿童。 어른 두 명과 어린이 둘입니다.
Liǎng gè dà rén, liǎng gè ér tóng。
량 거 따 런, 량 거 얼 통。

Ⓑ 一共一百四十元。 전부 백 사십 원입니다.
Yí gòng yì bǎi sì shí yuán。
이 꽁 이 바이 쓰 쉬 위엔。

단어 · · ·

岁 suì (쑤이) 세　　　　　　位 wèi (웨이) (사람을 셀 때)분
以下 yǐ xià (이샤) 이하

43 관광-사진 찍을 때

회화 전 알아두기

꼭 알아두기

麻烦您给照一张相，好吗？
Má fán nín gěi zhào yī zhāng xiāng, hǎo ma?
마 판 닌 께이 짜오 이 쨩 씨앙, 하오 마?

실례지만 사진 한 장 찍어 주실래요?

이 문장에서 주의해야 할 것은 '사진을 한 장 찍다'의 중국어 어순이다. "照"는 사진을 찍는 동작이고, '한 장을 찍다'라고 할 때의 수량명사는 "照"의 뒤에 붙여 "照一张"이라고 한다.

请给照几张相。
Qǐng gěi zhào jǐ zhāng xiāng。
칭 께이 짜오 지 쨩 씨앙。

사진 몇 장 좀 찍어 주세요.

단어 • • •

麻烦~ má fán~ (마판~) ~에게 폐를 끼치다, 귀찮게 하다
给~照相 gěi~ zhào xiāng (께이~짜오씨앙) ~에게 사진을 찍어주다
照相 zhào xiāng (짜오씨앙) 사진을 찍다

学习 · learning

 회화 1

ⓐ **这位先生, 麻烦您给照一张相, 好吗?**
Zhè wèi xiān shēng, má fán nín gěi zhào yī zhāng xiāng, hǎo ma?
쪄 웨이 씨엔셩, 마 판 닌 께이 짜오 이 짱 씨앙, 하오 마?

아저씨, 실례지만 사진 한 장 찍어 주실래요?

ⓑ **好, 大家笑一笑!**   네, 자 모두 웃어요!
Hǎo, dà jiā xiào yi xiào!
하오, 따 찌아 샤오 이 샤오!

ⓐ **谢谢。**   감사합니다.
Xiè xie.
씨에 셰.

ⓑ **不客气。**   아닙니다.
Bú kè qì.
부 크어 치.

단어 · · ·

这位先生 zhè wèi xiān shēng (쪄웨이씨엔셩) (남자)이 분, 이 아저씨
大家 dà jiā (따찌아) 여러분
笑一笑 xiào yi xiào (샤오이샤오) 좀 웃어라

学习 • learning

회화 전 알아두기

꼭 알아두기

一次性照片多少钱一张?
Yí cì xìng zhào piàn duō shao qián yì zhāng?
이 츠 씽 짜오 피엔 뚜어 샤오 치엔 이 짱?

즉석 사진 한 장에 얼마입니까?

　즉석 사진은 다시 현상을 할 수 없다는 의미로 중국어에서는 "一次性(일회성)"이라는 표현을 사용하여 "一次性照片"인 '일회성 사진'이라고 한다. 요즘에는 '快照'로 통용된다.

照片照得挺好的。
Zhào piàn zhào de tǐng hǎo de。
짜오 피엔 짜오 더 팅 하오 더。

사진을 잘 찍었습니다.

　"得(de)"의 성조를 경성으로 나타내어 동사나 형용사의 뒤에 써서 결과나 정도를 표시하는 보어를 연결시키는 역할을 한다. "照得挺好的(사진을 잘 찍었습니다)"를 분석해 보면 동사 "照(찍다)"와 정도를 나타나는 보어 "挺好的(꽤 좋다)"의 사이에 정도보어인 "得"를 넣어 두 단어를 연결시킨다.

단어 • • •

一次性 yí cì xìng (이츠씽) 일회성, 일회용
照 zhào (짜오) 찍다
照片 zhào piàn (짜오피엔) 사진
快照 kuài zhào (콰이짜오) 즉석 사진
照得挺好的 zhào de tǐng hǎo de (짜오더팅하오더) 꽤 잘 찍었다
挺好的 tǐng hǎo de (팅하오더) 꽤 좋다

学习 · learning

회화 2

Ⓐ 一次性照片多少钱一张?
Yí cì xìng zhào piàn duō shao qián yì zhāng?
이 츠 씽 짜오 피옌 뚜어 샤오 치옌 이 짱?

즉석 사진 한 장에 얼마입니까?

Ⓑ 二十块钱。 20원입니다.
èr shí kuài qián。
얼 쉬 콰이 치옌。

Ⓐ 在这儿照一张, 여기서 한 장,
Zài zhèr zhào yì zhāng,
짜이 쪄얼 짜오 이 짱,

在那儿照一张, 一共两张。
zài nàr zhào yì zhāng, yí gòng liǎng zhāng。
짜이 날 짜오 이 짱, 이 꽁 량 짱。

저기서 한 장, 두 장 찍어 주세요.

Ⓑ 照片照得挺好的。 사진 잘 나왔네요.
Zhào piàn zhào de tǐng hǎo de。
짜오 피옌 짜오 더 팅 하오 더。

四十块钱。 40원입니다.
Sì shí kuài qián。
쓰 쉬 콰이 치옌。

学习 · learning

Ⓐ **给您钱。**
Gěi nín qián.
게이 닌 치옌。

여기 돈 있습니다.

Ⓑ **您走好。**
Nín zǒu hǎo.
닌 쩌우 하오。

(돈을 받고) 안녕히 가세요.

"走好"는 '살펴가세요'라는 뜻으로 중국 북부지역 사람들이 흔히 사용한다. 이 대화에서 사용하듯이 장사꾼들이 주로 손님에게 '안녕히 가세요'라고 하는 인사말이다.

단어 · · ·

挺~的 tǐng~de (팅하오더) 꽤 ~하다
走好 zǒu hǎo (쩌우하오) (손님에게) 잘 가요

43 관광 - 사진 찍을 때

44

관광-공연장에서

회화 1

Ⓐ **请问，这儿是马戏团吧？**   여기 서커스단 맞죠?
Qǐng wèn, zhèr shì mǎ xì tuán ba?
칭 원, 쩔 쉬 마 시 퇀 바?

Ⓑ **对。有入场券吗？**   네. 입장권 있습니까?
Duì. Yǒu rù chǎng quàn ma?
뚜에。 요우 루 창 취엔 마?

Ⓐ **在这儿，两个人。**   여기, 두 사람이요.
Zài zhèr, liǎng ge rén.
짜이 쩔, 량 거 런。

几点开演？   몇 시에 시작합니까?
Jǐ diǎn kāi yǎn?
지 띠엔 카이 옌?

Ⓑ **二十分钟后马上开演。**   20분 후에 곧 시작합니다.
èr shí fēn zhōng hòu mǎ shàng kāi yǎn.
얼 쉬 펀 쫑 허우 마 샹 카이 옌。

Ⓐ **坐在哪儿都可以吗？**   아무 데나 앉아도 됩니까?
Zuò zài nǎr dōu kě yǐ ma?
쭈어 짜이 날 떠우 커 이 마?

Ⓑ **都可以。**   네, 됩니다.
Dōu kě yǐ.
떠우 커 이。

学习 · learning

회화 전 알아두기 **꼭 알아두기**

请往旁边让一下。
Qǐng wǎng páng biān ràng yí xià.
칭 왕 팡 삐엔 랑 이 샤.

옆자리로 좀 비켜주세요.

이 표현은 예의 바르게 자리를 비켜달라고 부탁하는 표현이다. 이 문장 중에 "让一下"는 원래 '한번 양보하다'라는 뜻이지만 "让一下"의 앞에 방향을 나타나는 명사가 있으면 "让一下"는 '비켜주다'라는 뜻을 나타내게 된다. 같은 뜻으로 "让一让"과 "让让"이라는 형식으로도 사용한다.

단어 • • •

马戏团 mǎ xì tuán (마시퇀) 서커스단
开演 kāi yǎn (카이이엔) 공연 시작하다
马上 mǎ shàng (마샹) 당장, 바로
坐在~ zuò zài~ (쭈어짜이~) ~에 앉다
在哪儿都 zài nǎr dōu (짜이날떠우) 어디에서든지

往~ wǎng~ (왕~) ~쪽으로
旁边 páng biān (팡삐엔) 옆
让 ràng (랑) 양보하다
让一下 ràng yí xià (랑이샤) 비키다

44 관광 - 공연장에서 | 211

学习 · learning

 **회화 2**

Ⓐ **对不起，请往旁边让一下，可以吗?**
Duì bù qǐ, qǐng wǎng páng biān ràng yí xià, kě yǐ ma?
뚸이 부 치, 칭 왕 팡 삐엔 랑 이 샤, 커 이 마?

미안하지만 옆자리로 좀 비켜주시겠어요?

Ⓑ **可以。**   그러죠.
Kě yǐ.
커 이.

Ⓐ **谢谢。**   감사합니다.
Xiè xie.
씨에 셰.

Ⓑ **没什么。**   아닙니다.
Méi shén me.
메이 션머.

단어 •••

让一下 ràng yí xià (랑이샤) 비키다
没什么 méi shén me (메이션머) 별것 아니다

45 ● **학교에서 – 쉬는 시간**
46 ● **학교에서 – 사람 찾을 때**
47 ● **학교에서 – 컴퓨터실에서**

45 학교에서-쉬는 시간

꼭 알아두기 | 회화 전 알아두기

上厕所, 去吗?
Shàng cè suǒ, qù ma?
샹 처 쑤어, 취 마?

화장실 갈 건데, 갈래?

"上"은 동사로 사용할 때 성조는 4성이며 '(어떤 곳으로)가다'라는 뜻으로 말할 때 흔히 사용한다.
〈예〉• 上学校 shàng xué xiào (샹쉬에샤오) 학교에 가다
　　• 上商店 shàng shāng diàn (샹샹띠엔) 상점에 가다
"厕所"는 '화장실, 변소'라는 뜻으로 친한 사람들끼리 말할 때 자주 사용한다. 그 이외에는 다음과 같은 표현들을 많이 사용한다.
　　• 卫生间 wèi shēng jiān (웨이성지엔) 화장실(변기, 세면대, 욕조 따위가 달려 있음)
　　• 洗手间 xǐ shǒu jiān (씨셔우지엔) 화장실(욕조 없음)

 회화 1

Ⓐ **上厕所, 去吗?**
Shàng cè suǒ, qù ma?
샹 처 쑤어, 취 마?

화장실 갈 건데, 갈래?

Ⓑ **去。**
Qù.
취.

가.

단어 • • •

上 shàng (샹) 다니다, 가다
厕所 cè suǒ (처쑤어) 화장실

学校 xué xiào (쉬에샤오) 학교
商店 shāng diàn (샹띠엔) 상점

学习 · learning

회화 전 알아두기

꼭 알아두기

下节课是什么课?
Xià jié kè shì shén me kè?
샤 지에 커 쉬 션머 커?

다음 시간 뭐지?

"下节课"는 '다음 시간의 수업'이라는 뜻이다. "节"는 수업을 셀 때 사용하는 수량사이고, 수업 한 교시를 "一节课"라고 한다.

数学课。
Shù xué kè。
슈 쉬에 커。

수학인데.

이 표현의 원래 형식은 "下节课是数学课" '다음 시간의 수업은 수학수업이다'이지만 앞서 나온 "下节课是~" '다음 시간의 수업은 ~이다'를 모두 생략하고 "数学课" '수학수업'이라고만 대답할 수 있다.

留数学作业了吗?
Liú shù xué zuò yè le ma?
리우 슈 쉬에 쭈어 예 러 마?

수학 숙제 있었니?

"留"는 '남기다'라는 뜻이어서 "留作业"는 중국어 표현으로 '숙제를 남기다'라고 해석되고, 한국말로는 '숙제를 내다' 쯤으로 해석하면 된다. "留~作业"의 '~' 부분에는 과목명을 넣어 '~숙제를 내다'라고 해석한다.

学习 · learning

꼭 알아두기 — 회화 전 알아두기

给我看看你的。 좀 보여줘.
Gěi wǒ kàn kan nǐ de。
게이 워 칸 칸 니 더。

"给~看看(~에게 보여주다)"와 같은 표현은 중국어에서 흔히 사용하는 표현이므로 "给~" 뒤에 동사의 중첩형식을 붙여서 만든다.

⟨예⟩
- 给~听听 gěi~ tīng ting (게이~팅팅) ~에게 들려주다
- 给~用用 gěi~ yòng yong (게이~용용) ~에게 쓰게 하다

"你的"는 '너의 것'이라는 뜻이다.

단어 • • •

下节 xià jié (샤지에) (수업의) 다음시간
课 kè (커) 수업, (교재의 한) 과
数学 shù xué (슈쉬에) 수학
留~作业 liú ~zuò yè (리우~쭈어예) 숙제를 내다
给~看看 gěi ~kàn kan (게이~칸칸) ~에게 보여주다

学习 · learning

회화 2

Ⓐ 下节课是什么课?
Xià jié kè shì shén me kè?
샤 지에 커 쉬 션머 커?

다음 시간 뭐지?

Ⓑ 数学课。
Shù xué kè。
슈 쉬에 커。

수학인데.

Ⓐ 留数学作业了吗?
Liú shù xué zuò yè le ma?
리우 슈 쉬에 쭈어 예 러 마?

수학 숙제 있었니?

Ⓑ 留了。
Liú le。
리우 러。

있어.

数学课本从三十三页到三十六页都作。
Shù xué kè běn cóng sān shí sān yè dào sān shí liù yè dōu zuò。
슈 쉬에 커 번 총 싼 쉬 싼 예 따오 싼 쉬 리우 예 떠우 쭈어。

수학책 33쪽에서 36쪽까지 다 풀어오는 건데.

学习 · learning

Ⓐ **是吗？我忘了，没作。** 그래? 나 깜빡하고 안했어.
Shì ma?　Wǒ wàng le,　méi zuò。
쉬 마?　　워 왕 러, 메이 쭈어。

给我看看你的。 좀 보여줘.
Gěi wǒ kàn kan nǐ de。
게이 워 칸 칸 니 더。

Ⓑ **嗯，给你。** 응, 여기.
Eng,　gěi nǐ。
응, 게이 니。

Ⓐ **谢了。** 고마워.
Xiè le。
씨에 러。

단어 • • •

从~到~ cóng~ dào~ (총~따오~) ~부터 ~까지
页 yè (예) (책의)쪽, 페이지
都 dōu (떠우) 다, 모두
作 zuò (쭈어) (숙제를)하다
忘了 wàng le (왕러) 잊었다
没作 méi zuò (메이쭈어) (숙제를)하지 않았다
你的 nǐ de (니더) 너의, 너의 것
谢了 xiè le (씨에러) (가볍게)고마워

46 학교에서-사람 찾을 때

 **회화 1**

Ⓐ 这位同学,
Zhè wèi tóng xué,
쩌 웨이 통 쉬에,

이봐 학생,

你们七班有叫王明的同学吗?
nǐ men qī bān yǒu jiào Wáng míng de tóng xué ma?
니 먼 치 빤 요우 쨔오 왕 밍 더 통 쉬에 마?

너희 7반에 왕명이라는 학생 있니?

Ⓑ 有, 他上厕所了。
Yǒu, tā shàng cè suǒ le。
요우, 타 샹 처 쑤어 러。

있는데, 화장실에 갔어요.

Ⓐ 知道了, 谢谢。
Zhī dào le, xiè xie。
쮜 따오 러, 씨에 셰。

알았어, 고마워.

단어 • • •

这位同学 zhè wèi tóng xué (쩌웨이통쉬에) 이 학생
班 bān (빤) (학교의)반
同学 tóng xué (통쉬에) (호칭)학생, 동창, 학우

王明 Wáng míng (왕밍) (인명)왕명
找 zhǎo (짜오) 찾다
年 nián (니옌) 년, 학년
班主任 bān zhǔ rèn (빤주런) 담임 선생님

学习 • learning

꼭 알아두기 — 회화 전 알아두기

您找谁呀?
Nín zhǎo shéi yā?
닌 짜오 셰이 야?

누굴 찾으세요?

"找谁?"는 '누구를 찾습니까?'라는 뜻이다. 이와 같은 표현에서의 중국어 어순으로 해석하면 '찾다 누구를'이 된다. (呀는 말투를 부드럽게 한다)

我找三年九班的班主任。
Wǒ zhǎo sān nián jiǔ bān de bān zhǔ rèn。
워 짜오 싼 니엔 지우 빤 더 빤 주 런。

3학년 9반 담임 선생님이요.

앞에서 '누구를 찾습니까?'라는 질문에 대답하려면 문장 앞에 "我找~(내가 ~을 찾습니다)"라는 표현으로 시작해야 한다.
~年 ~班 '~학년 ~반'과 같은 표현의 중국어 어순은 한국어 어순과 같다.

더 알아두기 — 표현 익히기 - 호칭

길에서나 혹은 어떤 장소에서 모르는 사람에게 무엇을 물어보고자 할 때 예의 있게 사용하는 호칭으로 다음과 같은 것들이 있다.

- 这位同学 zhè wèi tóng xué (저웨이통쉬에) 학생을 부를 때
- 这位先生 zhè wèi xiān shēng (저웨이씨엔셩) 성인 남자를 부를 때(아저씨의 의미)
- 这位老师 zhè wèi lǎo shī (저웨이라오쉬) 선생님을 부를 때
- 这位大姐 zhè wèi dà jiě (저웨이따지에) 성인 여자를 부를 때
- 这位大哥 zhè wèi dà gē (저웨이따끄어) 성인 남자를 부를 때(형, 오빠의 의미)
- 这位小朋友 zhè wèi xiǎo péng you (저웨이샤오펑요우) 어린이를 부를 때

学习 · learning

회화 2

Ⓐ **您找谁呀？** 누굴 찾으세요?
Nín zhǎo shéi yā?
닌 짜오 셰이 야?

Ⓑ **我找三年九班的班主任。** 3학년 9반 담임 선생님이요.
Wǒ zhǎo sān nián jiǔ bān de bān zhǔ rèn。
워 짜오 싼 니옌 지우 빤 더 빤 주 런。

Ⓐ **啊，是坐在右面里边的李老师。**
à,   shì zuò zài yòu miàn lǐ biān de lǐ lǎo shī。
아, 쉬 쭈어 짜이 요우 미옌 리 삐옌 더 리 라오 쉬。

네, 오른쪽 안쪽에 계신 이 선생님이네요.

Ⓑ **谢谢您。** 감사합니다.
Xiè xie nín。
씨에 셰 닌。

Ⓐ **不谢。** 아닙니다.
Bú xiè。
부 씨에。

단어 • • •

右面 yòu miàn (요우미옌) 오른쪽
里边 lǐ biān (리삐옌) 안쪽

李 lǐ (리) (성씨)이

47

학교에서 - 컴퓨터실에서

 **회화 1**

Ⓐ 这个十三号电脑是我的位置。
Zhè ge shí sān hào diàn nǎo shì wǒ de wèi zhì。
쪄 거 쉬 싼 하오 띠엔 나오 쉬 워 더 웨이 쥐。

여기 13번 컴퓨터 제 자리인데요.

Ⓑ 啊，对不起，请等两分钟。 아, 죄송하지만 2분만요.
à, duì bù qǐ, qǐng děng liǎng fēn zhōng。
아, 뛔이 부 치, 칭 떵 량 펀 쭝。

Ⓐ 好吧。   그러죠.
Hǎo ba。
하오 바。

Ⓑ 用完了，谢谢。   다 끝났습니다, 감사합니다.
Yòng wán le, xiè xie。
용 완 러, 씨에 셰。

단어 • • •

位置 wèi zhì (웨이쥐) 위치, 자리
用完 yòng wán (용완) 사용이 끝나다

学习 • learning

회화 전 알아두기

꼭 알아두기

给你发贺卡。
Gěi nǐ fā hè kǎ。
게이 니 퐈 허 카。

축하 카드 보내 줄게.

给~发~ 는 '~에게 ~을 보내다'라는 뜻이지만 요즘에는 핸드폰이나 인터넷을 통하여 문자를 보낼 때도 이 표현을 사용한다.
〈예〉• 给~发贺卡 : ~에게 축하 카드를 보내다(전자카드 포함)

你有塞我迷你屋吧?
Nǐ yǒu sài wǒ mí nǐ wū ba?
니 요우 싸이 워 미 니 우 바?

싸이 월드 미니 홈피 있지?

"塞我迷你屋(싸이 월드 미니 홈피)"와 같은 인터넷 미니 홈피가 요즘 중국에서도 유행하고 있다.

我申请一寸。
Wǒ shēn qǐng yí cùn。
워 션 칭 이 춘。

일촌 신청할게.

이 말은 친구 사이에 서로 인터넷 미니 홈피 주소를 알려주고 일촌을 신청하면 중국에서도 한국에서처럼 상대방의 홈피에서 이야기를 나눌 수 있고, 서로 자료를 공유할 수 있다.

단어 • • •

给~发~ gěi ~fā ~ (께이~퐈~) ~에게 ~을 보내다
塞我 sài wǒ (싸이워) (인터넷 사이트) 싸이 월드
迷你屋 mí nǐ wū (미니우) 미니 홈피, 미니 룸
贺卡 hè kǎ (허카) 축하카드
申请 shēn qǐng (션칭) 신청하다
一寸 yí cùn (이춘) 1촌

学习 · learning

회화 2

Ⓐ 把你的电邮地址告诉我, 메일 주소 좀 알려줘,
Bǎ nǐ de diàn yóu dì zhǐ gào sù wǒ,
바 니 더 띠엔 요우 띠 쥐 까오 쑤 워,

给你发贺卡。 축하 카드 보내 줄게.
gěi nǐ fā hè kǎ。
게이 니 퐈 허 카。

Ⓑ 行。对了, 你有塞我迷你屋吧,
Xíng。 Duì le, nǐ yǒu sài wǒ mí nǐ wū ba,
씽。 뚸이 러, 니 요우 싸이 워 미 니 우 바,

그래. 맞다, 싸이 월드 미니 홈피 있지,

我申请一寸。 일촌 신청할게.
wǒ shēn qǐng yí cùn。
워 션 칭 이 춘。

Ⓐ 当然有, 现在谁没有迷你屋哇。
Dāng rán yǒu, xiàn zài shéi méi yǒu mí nǐ wū wa。
당 란 요우, 시엔 짜이 셰이 메이 요우 미 니 우 와。

당연히 있지, 요즘 미니 홈피 없는 사람 없을걸.

단어 ...

电邮 diàn yóu (띠엔요우) 전자우편
地址 dì zhǐ (띠쥐) 주소

当然 dāng rán (당란) 당연하다
那 nà (나) 그, 그것

48 ● **특별한 표현**

48

특별한 표현

표현 1 (사랑을 고백할 때)

我真的很爱你。
Wǒ zhēn de hěn ài nǐ。
워 쩐 더 헌 아이 니。

당신을 정말 사랑합니다.

你愿意跟我结婚吗?
Nǐ yuàn yì gēn wǒ jié hūn ma?
니 위엔 이 껀 워 지에 훈 마?

저랑 결혼해 주실래요?

我很想你。
Wǒ hěn xiǎng nǐ。
워 헌 씨앙 니。

보고 싶어요.

我每天都想你。
Wǒ měi tiān dōu xiǎng nǐ。
워 메이 티엔 떠우 씨앙 니。

매일매일 당신 생각납니다.

没有你, 我活不了。
Méi yǒu nǐ, wǒ huó bù liǎo。
메이 요우 니, 워 후어 뿌 랴오。

당신 없으면, 나 못 살아.

단어 •••

爱 ài (아이) 사랑하다
愿意 yuàn yì (위엔이) 원하다
跟~结婚 gēn~jié hūn (껀~지에 훈) ~와 결혼하다
想 xiǎng (씨앙) 생각하다

每天 měi tiān (메이티엔) 매일
都 dōu (떠우) 모두, 다
活 huó (후어) 살다
~不了 ~bù liǎo (~뿌랴오) ~하지 못하다

学习 · learning

표현 2 (칭찬할 때)

你的眼睛真漂亮! 당신 눈이 참 예뻐요!
Nǐ de yǎn jīng zhēn piāo liàng!
니 더 이옌 찡 쩐 퍄오 량!

他真会画画儿! 그는 그림을 참 잘 그리는군요!
Tā zhēn huì huà huàr!
타 쩐 훼이 화 활!

您爱人真会做菜! 당신 부인은 정말 요리를 잘하네요!
Nín ài rén zhēn huì zuò cài!
닌 아이 런 쩐 훼이 쭈어 차이!

衣服很帅, 很适合你。 옷이 정말 멋있네요. 잘 어울려요.
Yī fu hěn shuài, hěn shì hé nǐ。
이 푸 헌 쑤아이, 헌 쉬 허 니。

您的儿子(女儿)真了不起! 아드님(따님) 참 훌륭하시네요!
Nín de ér zǐ (nǚ ér)zhēn liǎo bu qǐ!
닌 더 얼 쯔 (뉘 얼) 쩐 랴오 뿌 치!

단어 • • •

眼睛 yǎn jīng (이옌찡) 눈
漂亮 piāo liàng (퍄오량) 예쁘다
真会~ zhēn huì~ (쩐훼이) 정말 ~을 잘한다
画 huà (화) 그리다
画儿 huàr (활) 그림
爱人 ài rén (아이런) 배우자(남편 또는 아내)

做菜 zuò cài (쭈어차이) 요리하다
衣服 yī fu (이푸) 옷
帅 shuài (쑤아이) 멋지다
适合 shì hé (쉬허) 적절하다, 적당하다
了不起 liǎo bu qǐ (랴오뿌치) 훌륭하다

学习 • learning

표현 3 (질책할 때)

你怎么每天都迟到?　　　왜 너는 매일 지각이니?
Nǐ zěn me měi tiān dōu chí dào?
니 쩐 머 메이 티엔 떠우 취 따오?

天天房里乱七八糟的, 快收拾!
Tiān tiān fáng lǐ luàn qī bā zāo de, kuài shōu shí!
티엔 티엔 팡 리 롼 치 빠 짜오 더, 콰이 셔우 쉬!

매일 방이 엉망이야, 빨리 치워라!

别马马虎虎的, 认真点儿。
Bié mǎ mǎ hū hū de, rèn zhēn diǎnr。
비예 마 마 후 후 더, 런 쩐 띠얄。

대충하지 말고, 열심히 해봐.

怎么一会儿这样一会儿那样的?
Zěn me yí huìr zhè yàng yí huìr nà yàng de?
쩐 머 이 후얼 쪄 양 이 후얼 나 양 더?

왜 이랬다저랬다 하니?

别淘气了!　　　장난 좀 그만 쳐라!
Bié táo qì le!
비예 타오 치 러!

滚一边儿去!　　　저리 꺼져 버려!
Gǔn yì biānr qù!
군 이 삐얄 취!

228

学习 · learning

像什么样子! Xiàng shén me yàng zi! 씨앙 션머 양 쯔!	꼴이 그게 뭐냐!
别瞎掰! Bié xiā bāi! 비예 시아 빠이!	헛소리 하지 마!
别吵了! Bié chǎo le! 비예 차오 러!	떠들지 마!
动作快点儿! Dòng zuò kuài diǎnr! 똥 쭈어 콰이 띠 얄!	빨리 좀 해라!

단어 · · ·

迟到 chí dào (취따오) 지각하다
天天 tiān tiān (티엔티엔) 날마다
房里 fáng lǐ (퐝리) 방안
乱七八糟 luàn qī bā zāo (롼치빠짜오) 엉망진창이다
~的 ~de (~더) ~된 것
快 kuài (콰이) 빨리
收拾 shōu shí (셔우쉬) 치우다, 정리하다
别~ bié~ (비예~) ~하지 마라
别~了 bié~le (비예~러) 더 이상 ~하지 마라
马马虎虎 mǎ mǎ hū hū (마마후후) 대충대충하다
认真 rèn zhēn (런쩐) 진지하다, 열심히 하다

~点儿 ~diǎnr (~띠얄) 좀 ~하다
一会儿 yí huìr (이후얼) 잠시, 잠깐동안
这样 zhè yàng (쩌양) 이렇다
那样 nà yàng (나양) 저렇다, 그렇다
淘气 táo qì (타오치) 장난치다
滚 gǔn (군) 나가다, 떠나다
一边儿 yì biānr (이삐얄) 한 쪽, 다른 곳
像 xiàng (씨앙) 같다, ~와 같다
样子 yàng zi (양쯔) 모양, 모습, 꼴
瞎掰 xiā bāi (시아빠이) 함부로 말하다
吵 chǎo (차오) 시끄럽다
动作 dòng zuò (똥쭈어) 동작, 행동

学习 · learning

 **표현 4 (감탄할 때)**

那张画儿真好看!
Nà zhāng huàr zhēn hǎo kàn!
나 짱 활쩐 하오 칸!

저 그림 참 예쁘다!

这里的风景多美呀!
Zhè lǐ de fēng jǐng duō měi ya!
쩌 리 더 펑 징 뚜어 메이 야!

여기 경치가 얼마나 아름다워요!

今天的电影太有意思了!
Jīn tiān de diàn yǐng tài yǒu yì sī le!
찐 티엔 더 띠엔 잉 타이 요우 이 쓰 러!

오늘 영화 너무 재미있었어!

这场比赛真精彩!
Zhè chǎng bǐ sài zhēn jīng cǎi!
쩌 창 비 싸이 쩐 찡 차이!

이번 경기 정말 대단했어요!

단어 · · ·

那张~ nà zhāng~ (나짱) 저 한 장의~
好看 hǎo kàn (하오칸) 보기 좋다, 예쁘다
这里 zhè lǐ (쩌리) 이곳, 여기
风景 fēng jǐng (펑징) 풍경, 경치
多美呀 duō měi ya (뚜어메이야)
　　　　 얼마나 예쁘니!
电影 diàn yǐng (띠엔잉) 영화

太~了 tài~le (타이~러) 너무 ~하다
有意思 yǒu yì sī (요우이쓰) 재미있다
这场~ zhè chǎng~ (쩌창~)
　　　 이번 (경기, 영화 등등)
比赛 bǐ sài (비싸이) 경기, 시합
精彩 jīng cǎi (찡차이)
　　　 (공연이나 전람)뛰어나다, 훌륭하다

学习 · learning

표현 5 (격려와 바람)

不要紧，会好起来的。
Bú yào jǐn, huì hǎo qǐ lái de.
부 야오 진, 훼이 하오 치 라이 더.

괜찮아요. 다 잘 될 겁니다.

加油儿!
Jiā yóur!
지아 요얼!

힘내세요!

祝你学习进步!
Zhù nǐ xué xí jìn bù!
쭈 니 쉬에 시 찐 부!

학업이 발전하기 바랍니다!

祝你万事如意!
Zhù nǐ wàn shì rú yì!
쭈 니 완 쉬 루 이!

모든 일이 잘 되길 빕니다!

祝您健康长寿!
Zhù nín jiàn kāng cháng shòu!
쭈 닌 찌옌 캉 창 셔우!

건강하시길 바랍니다!

단어 · · ·

不要紧 bú yào jǐn (부야오진) 문제없다
会~的 huì ~de (훼이~더)
　　　~할 것이다(가능이나 실현을 나타냄)
好起来 hǎo qǐ lái (하오치라이) 좋아지다
加油儿 jiā yóur (지아요얼) 힘을 내다, 응원하다
祝~ zhù~ (쭈~) ~되길 빌다, 축원하다

学习 xué xí (쉬에시) 공부하다, 배우다
进步 jìn bù (찐부) 진보하다, (학업)발전하다
万事如意 wàn shì rú yì (완쉬루이)
　　　모든 일이 생각대로 되다
健康 jiàn kāng (찌옌캉) 건강하다
长寿 cháng shòu (창셔우) 장수하다

学习 • learning

표현 6 (축하인사)

祝你生日快乐! 생일(생신) 축하합니다!
Zhù nǐ shēng rì kuài lè!
쭈 니 셩 르 콰이 러!

新年好!(过年好!) 새해 복 많이 받으세요!
Xīn nián hǎo! (guò nián hǎo!)
씬 니옌 하오! (꾸어 니옌 하오!)

恭喜发财! 부자 되세요!
Gōng xǐ fā cái!
꿍 씨 퐈 차이!

恭喜您升官儿! 승진을 축하드립니다!
Gōng xǐ nín shēng guānr!
꿍 씨 닌 셩 꽈알!

祝贺你考上大学! 대학 합격을 축하합니다!
Zhù hè nǐ kǎo shàng dà xué!
쭈 허 니 카오 샹 따 쉬에!

단어 • • •

生日 shēng rì (셩르) 생일
快乐 kuài lè (콰이러) 즐겁다
新年 xīn nián (씬니옌) 새해
过年 guò nián (꾸어니옌)
　　설을 쇠다, 새해를 맞다
~好 ~hǎo (하오)
　　좋은~(~에는 시간명사가 들어가야 함)

恭喜 gōng xǐ (꿍씨) 축하하다(경어)
发财 fā cái (퐈차이) 부자가 되다, 재산을 모으다
升官儿 shēng guānr (셩꽈알) 승진하다
祝贺 zhù hè (쭈허) 축하하다
考上 kǎo shàng (카오샹)
　　(시험에)붙다, 합격하다
大学 dà xué (따쉬에) 대학

49 ● 중국 당나라 시 감상

49

중국 唐나라 诗 감상

꼭 알아두기  당나라의 시는?

　중국 고전 시가 발전사에 불후의 걸작인 당나라의 시는 唐诗(당시)라고 불리며, 예술 풍격이 현란하고 다채로우며 풍부한 생활 내용을 담고 있어서 현대중국문화에도 큰 영향을 미치고 있다.
　당시는 대부분 중국 사람들이 아동 국어 교육의 첫번째 교과서로 삼고 있다. 중국에서 3세 아이가 당시를 줄줄 암송하는 것은 놀라운 일이 아니다. 초등학교에서 고등학교까지 어문교과서에서 항상 당시를 두세 편 실을 만큼 중국어문 교육상에 중요한 부분이 되었다.
　그러므로 중국 사람들과 교류할 때에도 늘 당시의 구절을 들을 수 있고 당시를 잘 아는 외국 사람을 새삼 높이 평가하기 때문에 중국어를 배울 때 꼭 당시를 한 편이라도 외워두는 것이 좋으므로, 본 책에서 중국 사람들이 생활 속에서 자주 사용하는 구절이 담긴 당시를 소개하고자 합니다. 당시 중에 별색 표시 된 구절이 바로 중국 사람들이 흔히 사용하는 구절입니다.

补课 • supplementary lessons

감상 1

春 晓　　봄날 새벽에
Chūn xiāo
춘 샤오

孟浩然 (맹호연)
Mèng hào rán
멍 하오 란

春 眠 不 觉 晓,　　봄잠에 새벽이 온 줄도 모르더니,
Chūn mián bù jué xiǎo,
춘 미엔 뿌 주에 샤오,

处 处 闻 啼 鸟。　　곳곳에서 새 소리 들리네.
Chù chù wén tí niǎo.
추 추 원 티이 냐오.

夜 来 风 雨 声,　　간밤에 비바람 소리 들리더니,
Yè lái fēng yǔ shēng,
예 라이 펑 위 셩,

花 落 知 多 少。　　꽃은 얼마나 떨어졌을까.
Huā luò zhī duō shǎo.
화 루어 쮜 뚜어 샤오.

补课 • supplementary lessons

감상 2

静夜思
Jìng yè sī
징 예 쓰

고향이 그리운 밤

李 白 (이백)
Lǐ bái
리 바이

床 前 明 月 光,
Chuáng qián míng yuè guāng,
촹 치엔 밍 위에 꾸앙,

침상 머리맡에 달 밝아,

疑 是 地 上 霜。
Yí shì dì shàng shuāng。
이 쉬 띠 샹 슈앙。

땅에 내린 서리인 줄 알았네.

举 头 望 明 月,
Jǔ tóu wàng míng yuè,
쥐 터우 왕 밍 위에,

고개 들어 밝은 달을 보곤,

低 头 思 故 乡。
Dī tóu sī gù xiāng。
디이 터우 쓰 꾸 샹。

고개 숙여 고향을 그리워하네.

补课 • supplementary lessons

감상 3

登鹳雀楼
Dēng guàn què lóu
떵 꾸안 취에 러우

관작루에 올라

王之涣 (왕지환)
Wáng zhī huàn
왕 쥐 환

白日依山尽,
Bái rì yī shān jìn,
바이 르 이 샨 찐,

태양이 산에 기대며 지고,

黄河入海流。
Huáng hé rù hǎi liú。
황 허 루 하이 리우。

황하는 바다로 흘러든다.

欲穷千里目,
Yù qióng qiān lǐ mù,
위 치융 치엔 리 무,

천 리 밖 다 보려고 하니,

更上一层楼。
Gēng shàng yì céng lóu。
껑 샹 이 츠엉 러우。

한 층 더 올라가야 하네.

补课 • supplementary lessons

감상 4

无题　무제
Wú tí
우 티

李商隐 (이상은)
Lǐ shāng yǐn
리 샹 이인

相 见 时 难 别 亦 难,
Xiāng jiàn shí nán bié yì nán,
씨앙 지엔 쉬 난 비예 이 난,

만나기가 어려우니 이별이 더욱 어렵고,

东 风 无 力 百 花 残。
Dōng fēng wú lì bǎi huā cán。
똥 펑 우 리 바이 화 차안。

동풍에 힘없이 온갖 꽃들이 시들어가네.

春 蚕 到 死 丝 方 尽,
Chūn cán dào sǐ sī fāng jìn,
춘 찬 다오 쓰 스 퐝 진,

봄누에는 죽어서야 실을 다 토하며,

蜡 烛 成 灰 泪 始 干。
Là zhú chéng huī lèi shǐ gān。
라 주 청 훼이 레이 쉬 깐。

촛불은 재가 되어야 눈물이 마르기 시작하네.

补课 • supplementary lessons

晓 镜 但 愁 云 鬓 改，
Xiǎo jìng dàn chóu yún bìn gǎi,
샤오 징 딴 처우 윈 빈 가이,

새벽에 거울을 보니 희어진 머리를 슬퍼하며,

夜 吟 应 觉 月 光 寒。
Yè yín yīng jué yuè guāng hán。
예 이인 잉 쥐에 위에 꾸앙 한。

어젯밤 시 읊어 그대도 달빛을 차게 느꼈겠지.

蓬 山 此 去 无 多 路，
Péng shān cǐ qù wú duō lù,
펑 샨 츠 취 우 뚜어 루,

봉래산은 여기에서 멀지 않은 거리이니,

青 鸟 殷 勤 为 探 看。
Qīng niǎo yīn qín wèi tàn kàn。
칭 냐오 인 친 웨이 탄 칸。

파랑새는 부지런히 가서 살펴보아 주리.